蝶舞丽景

蝶文化理念下的幼儿园实践故事

唐 燕 主编

知识产权出版社
全国百佳图书出版单位
—北京—

图书在版编目（CIP）数据

蝶舞丽景：蝶文化理念下的幼儿园实践故事/唐燕主编. —北京：知识产权出版社，2020.8
ISBN 978-7-5130-6989-2

Ⅰ.①蝶… Ⅱ.①唐… Ⅲ.①学前教育-教学研究-文集 Ⅳ.①G612-53

中国版本图书馆CIP数据核字（2020）第098996号

内容提要：

本书以叙事的方式，描述了丽景幼儿园从创立至今的实践故事，包括园所管理、教师成长、幼儿发展、特色活动、家园共育等方面。全书以幼儿园的文化理念作为内在的逻辑支撑，回顾了幼儿园各项工作的点点滴滴，以求梳理经验、反思感悟、发现亮点、引发共鸣，为幼儿园未来工作注入新的动力因子。

责任编辑：曹靖凯　　　　　　　责任印制：孙婷婷

蝶舞丽景——蝶文化理念下的幼儿园实践故事
DIEWU LIJING——DIEWENHUA LINIANXIA DE YOUERYUAN SHIJIAN GUSHI

唐　燕　主编

出版发行：知识产权出版社有限责任公司	网　　址：http://www.ipph.cn	
电　　话：010-82004826	http://www.laichushu.com	
社　　址：北京市海淀区气象路50号院	邮　　编：100081	
责编电话：010-82000860转8763	责编邮箱：caojingkai@cnipr.com	
发行电话：010-82000860转8101	发行传真：010-82000893	
印　　刷：北京建宏印刷有限公司	经　　销：各大网上书店、新华书店及相关书店	
开　　本：720mm×1000mm　1/16	印　　张：15.25	
版　　次：2020年8月第1版	印　　次：2020年8月第1次印刷	
字　　数：220千字	定　　价：88.00元	

ISBN 978-7-5130-6989-2

出版权专有　侵权必究
如有印装质量问题，本社负责调换。

编委会

主　　编： 唐　燕

副 主 编： 孟　娜　　任　颖　　赵宇佳　　付海燕

编　　委： 张立双　　张梦迪　　陈　鹏　　马仪菲　　杨红如
　　　　　　王东兴　　刘　民　　毛　雪　　李　莹　　安丽娜
　　　　　　李　俊　　隋　超　　郝梦凡　　颜国东　　林　雪
　　　　　　朱旭华　　耿京金　　崔紫怡　　刘思怡　　王玉茜
　　　　　　马　颖　　许馨瑶　　蒋华青　　崔　悦　　卢桐竹
　　　　　　盛朝琪　　卢　杰　　付海燕　　郭亚珊　　张晓飞
　　　　　　王　钰　　张　倩　　刘　琳　　仝　菲　　付晓彤
　　　　　　王　岩　　卫德玉　　王晓亭　　李佳景　　王　岩
　　　　　　张凯鹦　　岳新玉　　李　超　　苴静雅　　韩传莉
　　　　　　王沫萱　　吕晓颖

序 言

　　反思是理解过去的钥匙。反思的目的是对经历过的事情总结经验、探索规律。反思的方式多种多样，而对亲历育儿故事进行反思却是丽景幼儿园教师和家长们的真实创造。

　　故事，侧重于对往事发展过程的描述。故事，有写作者选取生活中的典型事件，进行有情节的构建性描述；也有写作者以亲历往事为依托，融入情感记忆性的叙述。

　　丽景幼儿园教师们的故事，是彰显职业精神的真实呈现；而家长们的故事，在于与幼儿园协同，是以亲情血脉融入育儿的真情呈现。所有的故事都凝聚着他们共同的育人智慧，打动人们的心灵。

　　人与动物的本质区别在于动物以本能生存，而人的生存发展能力要靠后天教育而习得。教育在本质上就是让人获得成长的事业，给人以美好、幸福，是教育的根本价值。

　　丽景幼儿园走过了八年的历程。仅八年，幼儿园的管理者、教师、家长，在育儿的实践中就提炼出了"蝶文化"。"蝶文化"以蝴蝶的美丽、自由、生命力的顽强寓意幼儿园文化，其内在价值在于尊重幼儿对美好的追求，注重幼儿个性自由的发展，关注幼儿自主发展的成长，如同蝴蝶破茧而出的生命不息。

以这种寓意文化价值观，指导幼儿园教师、家长育儿成长的全过程，提升教师、家长育儿的精神境界。

在故事中，你能感悟到教师对孩子童性的尊重。童性的突出特点是具有善根，追求美好，求真的率性体现了人性的真善美。而教师以善育善，以美求真的培育过程，也体现了他们的职业精神。在家长的故事中，融入了亲情血脉，这是孩子成长的根基。在所有故事中，体现了师生情、友情和亲情。

故事中的主角是幼儿。每个故事都反映了孩子们不同的个性特征，教师们在情境中针对不同的个性智慧"出招"，在情境交流中启发孩子们自主思考，表达自己的真实想法，增强孩子的自主意识，锻炼孩子们的语言表达能力和思维能力。

人来自自然，欣赏自然的美好，是人性的内在需要，也是美育的重要内容。丽景幼儿园创设的自然环境，为孩子认识自然、亲近自然创造了良好的条件，拓展了美育的内涵，给孩子童真的心灵以美的融育，从而从快乐中获得幸福感。

现代幼儿教育提倡家园合作，丽景幼儿园创设了融洽的合作机制，家长们极大程度地参与了育儿工作，值得推广。

我与丽景幼儿园的园长有多年的交往，很了解她的教育理念和育儿情怀。愿她带领广大教师们，引领幼儿园走向新的发展高度，为国家培养新时代人才奠定坚实的基础；愿丽景幼儿园的明天越来越好。

刘丙辛

2020 年 6 月

前　言

　　走进北京市朝阳区常营乡五里桥一街，在鳞次栉比的建筑中有一幢赏心悦目、色彩斑斓的房子，这便是创建于 2011 年年末的丽景幼儿园，是隶属于北京市朝阳区教委的一所一级一类幼儿园。时间如白驹过隙，丽景幼儿园历经风霜，沐浴阳光，至今已走过了八个年头。现如今丽景幼儿园已逐步走向成熟，是一所环境优美、设施齐全、师资优良、生源充足、质量优秀的现代化的优质幼儿园。

　　回望幼儿园的发展历程，我们一直躬行实践，扎实专业，致力于幼儿教育事业的同时，也悉力探索着"丽景人"自己的园所文化。若问，为何竭力探索园所文化？只因这里是幼儿园，是育人的场所，是梦开始的地方，或者更深层次地说，这里开启的不仅是园门，更是一扇文化大门。文化是一所幼儿园的灵魂，也是幼儿园保持自身特色、产生持续生命力的根本保障。对于儿童而言，童年的文化印迹会渲染他们的生命底色，积极、适宜的文化能帮助儿童从小在心灵中播下幸福的种子，提升他们对周围事物的敏感性，增强他们的生命力，同时也为他们的精神成长提供更广阔的空间和高度；对于幼儿园而言，文化的核心价值既能有效提升教职工的使命感与责任感，亦能从内涵层面整体提升幼儿园的办园品质。

蝶舞丽景
蝶文化理念下的幼儿园实践故事

在幼儿园文化的建设上，我一直认为，人的成长、事物的变化都如同蝴蝶的蜕变一般，而且蝴蝶的蜕变也象征着生命的奇迹。在古希腊神话中，蝴蝶和灵魂是合二为一的，在他们看来蝴蝶在痛苦、漫长的蜕变后所拥有的美丽和轻灵是人类灵魂的写照，是一种精神或更高层次的象征。蝴蝶的生命意义代表着改变、蜕变，甚至是美丽的短暂、轻灵的永恒。在中国文化中，蝴蝶历来受到文人墨客的青睐，它象征着自由，也象征着成长中自我蜕变后的那份自信。综合这些，"蝴蝶"这个意象所蕴含的意义与我们想要表达、倡导的理念不谋而合。因此，我们将园所的文化定为"蝶文化"，取其象征之意，概括为推广"自由，生命，美丽，快乐，积极"的教育。但如此概括出来仅仅只能做到字面上的理解，要理解它们在教育中的内涵，还要结合象征意义及具体事例来说明。

"庄周梦胡蝶，胡蝶为庄周。"这是庄周梦蝶的故事，是对自由渴望的述说。在丽景幼儿园，我们亦如庄子，追求自由，更追求做自由的教育。在自由理念的引领下我们为孩子创设了自然的环境，希望孩子在自由自在的状态下，进行自由的探索与自主的学习。而且，早在幼儿园创办之初，我们就开始践行这一理念，那时我们种植的植物，既有银杏，也有芍药和牡丹。每一年我们都会种一批新植物，种类不一，春夏秋冬四个季节都有相对应的花草树木，坚持至今园里已有七十多种植物。又因为从小在中药房长大，我在园里甚至还种了不少中草药，给孩子们讲解这些中草药的药效，孩子们听了直呼惊奇，自然也引发了他们对植物的兴趣，我们的自然教育也由此缘起。之后，我们惊喜地发现，孩子们在自然的环境中，在身心皆处于自由的状态下，似乎更专注思考，并能形成他们自己的理解。

"缥缈青虫脱壳微，不堪烟重雨霏霏。"这是破茧而出的蝴蝶，是一种对生命的超越。在丽景幼儿园，我们培育生命、尊重生命，也引导孩子去理解生命的意义。在园里每年新种的植物上，我们都会绑上一条红丝带，把它们看作幼儿园里不可或缺的一部分，盼望它们健康成长。就像看望朋友一样，每隔一段时间我和孩子们都要去和它们说说话，让孩子们见证生命的历程，毕竟亲历过孩子才会更懂得。其实，生命教育最大的价值就是理解生命、欣赏生命、热爱生命，当然还有尊重生命。我们知道每个孩子都不一样，有些孩子谦卑有礼，有些孩子脾气有点"坏"，有些孩子看起来不够开朗，有些孩子活跃大方，甚至还有一些颇为"特殊"的孩子，但不管他们是谁，每一个孩子都应该得到平等对待，每一个生命都应该彼此尊重。在丽景幼儿园，就是要让每一个孩子活出自己鲜活的生命，展现独特的光彩。

"花开蝶满枝，花落蝶还稀。"这是一场花蝶之恋，是对美丽的向往。对美，人皆爱之，人亦趋之。苏联教育家苏霍姆林斯基曾说过："美是一种心灵体操——它使我们的精神正直，心地纯洁，情感和信念端正。"丽景幼儿园亦爱美，并开启了一场美丽教育。这里不仅为孩子创造了一个美的环境，更致力培养孩子美的形象、美的言行、美的感知力，塑造孩子美的人格。

"儿童急走追黄蝶，飞入菜花无处寻。"这是稚子追蝶的快乐，这份快乐也是纯粹的快乐，让丽景幼儿园的孩子也拥有这样的快乐便是我们的期望。英国教育家斯宾塞说："教育的目的就是为了让孩子成为一个快乐的人，应该让孩子在快乐的状态下学习。"但如何让孩子在快乐的状态下学习呢？我想，只有游戏。难以找到一个词汇，会像"游戏"一样与孩子如此紧密地联系在一起。游戏活动能够充分调动孩子的主动性，也能够最大限度上顺应孩子的自然发展，更能让孩子的一切发展都在快乐中进行。自然，我们十分注重游戏活动的开展，但更明白的一点是，教师的有效支持能确保游戏活动的快乐开展。因此，关注教师的职业快乐也是一件重要的事情。作为园长，我需要让教师学会把握自己作为一个教师的快乐，而这也会让教师学会如何去培养孩子用科学的方法建立快乐的能力。

"秋园花落尽，芳菊数来归。那知不梦作，眠觉也恒飞。"这是蝴蝶的生命力，它承载了积极的信念。众所周知，积极的信念会激发、引导人们以积极的、建设性的心态面对生活，提高幸福感。在学前教育中，让孩子掌握获得幸福的能力也是教育的目标之一。要达到这一目标，教师需要用科学的方法帮助孩子具备获得幸福的能力，而家长则直接影响孩子的幸福感。因此，作为园长，我关注教师的价值观和理念，毕竟教师所受的培训和工作经验会融合在一起，转化为教室里的实践，直接影响着孩子对学习的喜爱程度、解决问题的方式与社交能力；同时，我也关注家长，毕竟，家庭是社会的基本细胞。常言道："家庭是人生的第一课堂""父母是孩子最初也是最好的老师"，家长的观念直接影响孩子的心理品质及发展。总之，对教师，对家长，我们渗透积极教育的理念，传递积极教育的方法，借助他们的力量去引导和鼓励孩子，让孩子善于发掘自身的优势，并发挥这些优势做出对社会有益的贡献，从中感受自我存在的价值。

最后，我想说，悉力建设园所文化就是为了更好致力于幼儿教育，归根结底，就是一个愿望：希望在丽景幼儿园，所有孩子能向美而行，幸福成长；希望丽景幼儿园成为一所美丽的花园，自由的乐园，温暖的家园。

丽景幼儿园园长　唐　燕

2020 年 6 月

目 录

第一章　蝴蝶园记 ··· 1

收获 ··· 2

这次，我真正释放正能量了 ································· 8

我不再只关注材料 ·· 10

我更会上科学课了 ·· 12

毕业营的故事 ·· 14

初来乍到 ··· 16

幸福的味道 ··· 19

"跑"着进步 ·· 22

转岗 ··· 24

机遇 ··· 26

第二章　鲜活的生命，独特的光彩 ···················· 29

小伙伴们 ··· 30

学会自理 ··· 33

成语故事比赛 ·· 36

竞选 ··· 38

不再怕高了·· 40

掌声的力量·· 43

陪伴是最好的礼物·· 45

《虫儿飞》·· 47

爱就爱每一个·· 50

以信任换信任·· 52

给老师拿拖把·· 54

我们班的"大师兄"·· 57

什么青菜都爱吃·· 59

她不吃饭，怎么办？·· 62

他怎么又演口袋？·· 64

小雨又哭了·· 67

咱们做朋友吧！·· 69

第三章　自由的探索，自主的学习·· 73

咦！不一样的果子·· 74

图书馆里的宣传员·· 76

自己想一想·· 78

建构区里的奇思妙想·· 80

雨的秘密·· 82

画一个滑梯·· 85

最大的拼图·· 87

霜降贴柿子·· 89

搭了一个坦克·· 91

怎样让鸟窝不倒？·· 93

拼个恐龙也挺好·· 95

幸福一家人·· 98

拼吊车·· 100

目录

　　我们的房子 …………………………………………………… 102

第四章　美丽的瞬间，永恒的感动 …………………………… 105

　　讲礼貌的"淘气大王" ………………………………………… 106
　　垃圾桶里的馒头 ……………………………………………… 108
　　学会分享 ……………………………………………………… 110
　　勇敢面对挫折 ………………………………………………… 112
　　受委屈的"淘气包" …………………………………………… 114
　　水杯上的贴画 ………………………………………………… 116
　　培养习惯从点滴做起 ………………………………………… 118
　　小叛逆 ………………………………………………………… 121
　　闪亮的大奖牌 ………………………………………………… 123
　　口取纸 ………………………………………………………… 126

第五章　成功的体验，快乐的成长 …………………………… 129

　　传承中华文化，喜庆新年 …………………………………… 130
　　紫禁城里过大年 ……………………………………………… 135
　　奔跑吧！丽景娃！ …………………………………………… 138
　　有趣的科学探索之旅 ………………………………………… 143
　　小小设计师 …………………………………………………… 149
　　院子里的故事会 ……………………………………………… 152
　　我们毕业啦！ ………………………………………………… 155
　　着中华衣裳，兴礼仪之邦 …………………………………… 158
　　小脚丫登万里长城 …………………………………………… 162
　　消防安全记心间 ……………………………………………… 168

第六章　积极的养育，幸福的成长 …………………………… 173

　　给孩子说"不"的权利 ………………………………………… 174
　　何为"兴趣"？ ………………………………………………… 176
　　既是妈妈，又是朋友 ………………………………………… 179

XI

陪伴是最好的教育……………………………………………… 181

让最好的我，唤醒纯真的你…………………………………… 184

大大的世界和小小的你………………………………………… 188

我们和她的成长路……………………………………………… 191

最好的我们在路上……………………………………………… 194

遇见孩子，遇见更好的自己…………………………………… 197

关于孩子要说的几点…………………………………………… 199

"老虎"拿回来了………………………………………………… 202

在爱和理解中成长……………………………………………… 205

我是你的小伙伴………………………………………………… 208

阅读的力量……………………………………………………… 210

妈妈要检讨……………………………………………………… 212

翘起的嘴角……………………………………………………… 215

羽泽是我们的老师……………………………………………… 218

育儿二三事……………………………………………………… 220

我对序序"有色"的爱…………………………………………… 223

致我的宝贝……………………………………………………… 226

第一章
蝴蝶园记

蝴蝶象征着自由、美丽。破茧而出后变作蝴蝶,便有由丑到美的一种升华的意味。蝴蝶的蜕变映照了丽景幼儿园的发展历程。自丽景幼儿园成立以来,日新月异的科技成为新的助力,园所的样貌翻天覆地,园所的人们砥砺前行,园长孜孜不倦,幼儿园的主力军——教师也在不断成长。而这种成长,正如这句诗所说的一样:"新竹高于旧竹枝,全凭老干为扶持。"教师是幼儿园发展的核心力量,但又依托于幼儿园。教师的专业积累是幼儿园发展的生命力,幼儿园的发展离不开其对教师自身发展的科学规划和教师的辛勤努力。教师的专业积累与幼儿园的发展相辅相成,只有教师自身不断成长,幼儿园才能可持续发展。在丽景幼儿园,我们希望教师和幼儿园携手同行,如蝴蝶般蜕变,美丽绽放。

收 获

唐 燕

"你瞧你，怎么像白胡子老爷爷一样？"我看着灰头土脸的施工负责人，笑话他。

"你也好不到哪去。"经他一提醒，我赶忙对着车上的后视镜照了照，"天啊，我怎么这么脏"。我看到镜子里的自己从头到脸都脏兮兮的，脸上、眉毛上甚至连眼睫毛上都沾满了石灰粉。这恐怕是我有生以来最脏、最累、最狼狈的时刻，但也是我最有成就感、最幸福的时刻。为什么这么说呢？故事还要从八年前说起。

八年前，政府要在北京市第一批保障性用房的附近开办一所幼儿园，而我接到担任这所幼儿园园长的任命，即如今的丽景幼儿园。但要在十五天内完成开园。当时的丽景幼儿园还是一个毛坯房，幼儿园该具备的设施一件都没有，甚至连墙面都要临时粉刷，这听起来像是个不可能完成的任务，但当时我已没有退路，"开园时间"就是命令，从接到命令的那刻起，我就开始了24小时不间断的工作。当时我需要从早上8点一直站到晚上8点，盯着施工队施工，其间连口水都来不及喝，饿得前胸贴后背是常有的事，眼睫毛上沾满白灰更是常见。在寒冬腊月的天气里，经过施工队工人一天二十个小时的加紧赶工，终于在规定日期内如期开园。可开园后的丽景幼儿园一穷二白，擦地用的是我们从

第一章 蝴蝶园记

自己家里拿的旧衣服，窗户上的冰是我们用手捂化的。尽管如此艰难，可当不甚干洁的地面铺上柔软的红地毯时，我依然非常激动，这可是花费数个不眠之夜换来的。

我在赢得了第一个收获的同时，也遇到第一个挑战。作为"光杆司令"的我首先面临的困难就是幼儿园的招生问题。当时的条件太艰苦，以至于建筑表面看起来不像是幼儿园，而我又必须在规定时间内招生开园。在这种情况下，我首先想到的是调动身边一切可利用的资源。第一步，给幼儿园定位，我们的幼儿园是国家支持的、规范的公办园，目的是传递正确的教育理念，让幼儿有一个良好的人生开端，并在此基础上健康快乐地成长。第二步，寻求常营乡政府和社区居委会的帮助，让他们知道社区里要成立一个新的幼儿园，帮我合理合法地宣传，让社区群众了解幼儿园的情况。第三步，给高校老师打电话，跟他们说明情况，只要老师愿意来丽景，可以给我打电话。最终我获得了常营乡政府、社区居委会和高校的支持，在他们的帮助下，解决了招生和招聘的问题。

孩子好不容易招来了，老师的培训又成为我接下来面临的重要问题，因为开园急迫，来不及招聘经验丰富的教师，只能招一批刚刚大学毕业的学生应急。虽然他们的学识、学历、专业达标，但是毕竟没有实战经验，不懂得如何与家长、孩子交流，尤其在面对个别脾气有些暴躁、不太遵守公共秩序的家长时，他们往往显得束手无策。我意识到，家长给老师带来了很大的压力，如果来自家长方面的问题不解决，既留不住老师，也不利于幼儿园长期稳定的发展。于是，我从仅有的财政预算里拿出一部分经费，组织开办了"家长学校"，在"家长学校"里，园长、教师、家长共同学习，与专家交流、互动，请专家解疑释惑。通过此举一定程度上打消了家长的顾虑，打开了相互信任的大门，而幼儿园也渐渐步入正轨。

经历过这些后，我意识到提升教师的专业水平已是一件刻不容缓的事，教师的专业水平直接影响幼儿园的品质，我需要尽快提升教师们的专业能力。为此，我拟定了一个"雏鹰计划"，利用假期的时间安排老师们在清华大学封闭学习七天，在这七天里，清华大学学前教育专业的教授为老师们讲授教育心理学、发展心理学、积极心理学等知识。我以为在封闭环境里，每天十多个小时的课程，老师们会疲倦不堪，可在下午上课的时候，老师们没有一个打瞌睡，反而被教授幽默有趣的演讲逗得时不时地发出阵阵笑声。经过这次的封闭式培训，我发现老师们有了新的教育理念。从老师们交上来的教育笔记里，我惊喜地发现有位老师提出了共情教育的思想。这位老师的教育主题是"不哭"，她在教育笔记里写道："我说了很多遍，让他不要哭。可孩子却似乎没听见，越哭声音越大。这时，我突然想起教授的话'你认同孩子的情绪了吗？'是的，我并没有了解孩子为什么发这么大的脾气，只是单纯地重复不哭的动作。意识到问题，我调整策略，用共情的教育理念问他：'现在想不想进去？'孩子摇头说：'不想进去，我一辈子都不想进去。''那好吧，老师今天也不想进去。歇会吧！'我坐在他旁边跟他聊天：'你希望老师怎么做，能让你舒服点？'孩子一下子愣住了，过了好一会儿，说：'就坐一会儿！'"然后他们一直坐了十多分钟，当老师提出朝教室里面走的时候，孩子竟然同意了。最后这位老师在教育感悟栏里写道："第一次体会到，原来和孩子沟通并不是那么难。"当我看到教育感悟里的那句话时，我被深深触动了。确实，教师的成就感与前进的动力应来自他们专业的成长，不然，当他们面对孩子的问题茫然无措时，又何谈对工作的热情及职业的幸福感呢？作为园长，我可以做的就是创造平台，为他们提供专业学习的机会，激发他们热爱学习的激情，使对专业的追求成为他们自发的行动，而这种由内而发的行动有着巨大的力量！

俗话说，没有规矩不成方圆。初建幼儿园时没有形成一套完整的规章制度，而幼儿园教师招聘又很急，没有时间进行细致的面试，也无法考量招聘的人是否符合园所要求，更无法检查他们在学校学习的课程。后来在招聘人才时，我

第一章　蝴蝶园记

制定了一系列规章流程，严格规范招聘制度。对于招聘进来的人才实行考核制度，先细致地与其沟通幼儿园文化理念、教育理念、儿童观，再对其进行专业的考核。并且，在园内上到园长、下到门卫都要背诵《3~6 岁儿童学习与发展指南》，从言谈举止开始规范，再到思想上拔高。在规范教职工的同时，园所的管理、硬件设施也同步跟进，对幼儿园里的一砖一瓦、一桌一椅，我也精心挑选其色调，仔细设计其位置，营造舒适的氛围，传递"以人为本"的理念。因为我认为只有让教职工感受到宾至如归，他们才会有获得感，才能真正爱上丽景幼儿园。我一直以为，享受美食是人生中重要的一件事。所以，在规划餐厅的时候，我特意提了两点要求：第一，餐厅必须是奶茶色与草绿色，营造出一种安静温馨的感受；第二，餐厅必须足够大，可以让老师们完全放松地吃饭、愉快地聊天，给人一种亲切感、归属感。

此外，幼儿园里的花花草草，都是幼儿园生命的细胞，蕴含着教育的价值，而且，我从始至终都以追求人与自然和谐发展为目标。最初，在幼儿园绿化经费不充裕的情况下，我想到一个节约而又有效的方法，就是遍撒玉米种子，等到丰收的时候，我们就可以在郁郁葱葱的环境中陪着孩子捉迷藏、掰玉米、煮玉米、吃玉米，利用玉米给孩子们上一堂有趣生动、真实难忘的一课。

挨过了一段艰苦岁月，我们幼儿园终于得到了一点经费可以稍作绿化的规划了。经过再三考虑，我决定放弃三年就长成参天大树的泡桐，选用具有深厚历史文化蕴义的银杏。至于为何弃泡桐而选银杏，则在于泡桐虽然三五年能成材，但刨开之后里面是空心的，而银杏每年只长一点点，时间越久，材质越珍贵。幼儿园的历史越长，树的历史也越长，能够承载幼儿园历史的，正是文化感、历史感厚重的银杏。经过几年的摸索建设，幼儿园朝着越来越美好、越来越有规划的方向发展，这期间我们得到的不仅是环境的改变、制度的健全、生活的便捷，更收获了在园如在家的归属感、认同感、成就感。

在幼儿园步入正轨后，营造符合园所长期发展的人文文化就显得迫切又重要了。专业化发展是一个循序渐进的过程，没有人文内涵的团体就像一盘散沙，没有凝聚力。我明白，要想营造良好的文化氛围，不是容易的事情。首先，需要创造条件。我经常鼓励老师们要多出去看看开阔眼界，并建立相应的奖励机制。渐渐地，老师们把外出培训看作是一次提升、学习的机会，十分积极上进。其次，需要老师们思想上团结一致。而文化能从根本上影响师幼的行为、思维和价值取向，打造园所文化就能打造一个有凝聚力的团队。于是，我发起了一个幼儿园标志的征集活动，通过阅读老师们的来稿，发现大部分的老师都选择了代表着美丽、自由、蜕变的蝴蝶。最终我们把蝴蝶作为我们园所的标志。蝴蝶的蜕变过程，和丽景幼儿园的发展经历很像，丽景幼儿园经历过一穷二白的艰苦岁月，在苦难中一点一点发展壮大，最后变成美丽、自由的幼儿园，小毛毛虫破茧成蝶的生命轨迹何尝不是如此呢？在蝴蝶理念提出之后，还需要给它一个文化支撑，老师们经过"头脑风暴"，提出了许多美好的、有文化意味的词汇，但我觉得简单易懂、让人一眼记住最重要，文化在于朗朗上口，在简不在繁。于是，简简单单的"蝶文化"就成了丽景幼儿园的标志文化。蝶，它既是一个自然概念，又是一个文化观念。在自然概念上，它属于大自然的一部分，传递给我们的思想是要尊重、亲近大自然，只有顺应大自然的发展规律，和大自然做朋友，大自然才能回馈给我们意想不到的美丽。在文化观念上，它是蜕变、坚强、美丽的象征，给人"宝剑锋从磨砺出，梅花香自苦寒来"的臆想。如今，我们的丽景幼儿园被五彩缤纷的蝴蝶包围，而我们全体教职工在这种和谐的环境下，不仅收获了翩翩舞动的蝴蝶带来的缤纷绚丽，更收获了"你若盛开，蝴蝶自来"的人文文化带来的意境美、心灵美、舒适美。

　　回顾曾经的磨炼，感触良多，其中让我感触最深的是责任与支持。是责任推着我前进，促使我全力以赴做好各项工作，责任对我而言是文化、精神、理念、考验，让我重新认识自我、挑战自我、超越自我。而支持则造就了幼儿园的成功，没有教委、社区领导、全体教师的支持，就没有今天的丽景幼儿园，也就没有优秀的丽景团队。没有完美的个人、只有完美的团队，这句话用在丽景幼儿园身上再贴切不过了。在我心里早已把丽景幼儿园当成了我的家，我一路陪着它走来，风雨同舟，见证了它的点滴变化，也见证了它的发展壮大。今后，我希望我能陪着丽景幼儿园更上一层楼，再创新辉煌。

这次，我真正释放正能量了

张立双

职称评定申报工作又开始了，这次我和一些同事们一起报了名。报名后，我们各自按照职称评定的要求准备材料，其中有一项材料是教师的录像课。我有点发愁，没有清晰的构想，不知道自己的水平到底能不能符合要求，抱着试一试的态度，我设计了一节课。在这期间，同事们也给了我许多建议。正式上课了，职称评定小组成员是幼儿园的同事，他们听了我的课，也给了我很多建议，我一一记录下来。其实我自己的想法是：这次是差额评选，我可能是"分母"而不是"分子"。因此对这件事情，我就抱着轻松的心态了。

后来，孟老师找了我，跟我提到职称评定的事情以及对我的录像课给出了建议：哪里需要调整，哪里需要改动都一一说明。看到孟老师这样，我心里有点愧疚，于是跟孟老师说："反正我感觉也是'分母'，大家都需要带班，孟老师您就别把时间浪费在我身上了。我这次就长长见识，知道要准备什么东西，下次我再好好准备，这样才对得起大家的付出。"但孟老师却说："你不试试怎么就知道你不能上呢？怎么就知道你一定是那个'分母'呢？成不了'分子'呢？"听完孟老师的话，我想了想，决定试一试。孟老师走之前再次笃定地跟我说："你肯定行，你要相信你自己。"

周末在家，我对我的录像课进行了修改调整，中午我收到孟老师发的微信，问我有没有什么困难，是否需要帮忙。我把自己的想法以及修改过的录像课发给了孟老师，而孟老师牺牲了自己的周末时间，帮助我将录像课的活动目标、教师引导语等方面从头到尾梳理了一遍。在孟老师的帮助下，我突然间感觉心里有底了。后来在园内初级评审时我还真变成了那个"分子"。而原本，我只是抱着学习的态度去参加，但是我的同事们却比我还要相信我自己，他们帮助我、鼓励我，让我收获了意想不到的成果，我要衷心地感谢孟老师和我的同事们！

这件事让我深深感动，又有所感悟。有句话是"不想当将军的士兵不是好士兵"。虽然我不一定要成为"将军"，但我应该树立一个目标去积极努力。良好积极的心态对于个人犹如阳光之于万物，这束阳光照进了我心里，积极的正能量从心底真正迸发而出。这件事对于我又何尝不是一场关于勤奋进取、积极向上的教育呢！

我不再只关注材料

张梦迪

时光匆匆，不知不觉我来到丽景幼儿园已经七年了，从一毕业我就来到了这儿。刚出学校的我仿佛什么也不懂，对于工作需要做什么也是茫然的。而当时幼儿园正在创建初期，没有班级、没有孩子，我只能去其他幼儿园实习，但总缺少一种归属感，心里一直盼望着自己的幼儿园能够赶快敞开大门，迎接属于我们自己的孩子和老师。实习结束了，我终于回到了丽景幼儿园，当时幼儿园的楼不是现在这些颜色，操场也不一样，甚至还有一个大坑。

转眼七年过去了，我看过丽景幼儿园最原始的样子，经历了幼儿园的"青涩"时期，也见证了幼儿园的逐渐成熟和发展。作为教师，我们一直进行着业务学习，我们的学习和培训也一直在变化。起初因为基本上都是刚毕业的老师，学习的是工作中的注意事项，操心怎么让孩子吃好喝好，学习如何观察孩子。在现在看来，最初的那些学习都比较初级和简单，如今我们更加注重如何引导孩子在游戏中发展，如何扮演好孩子的支持者、合作者、引导者的角色。

从区域活动来说，刚开始在中班的角色区我创设了一个模拟餐厅，用自制或购买等方式填充了餐厅的餐具和食品，摆放好椅子、柜子，把整个环境都布置得尽量贴近孩子日常的生活。后来不管是园领导进班指导还是业务学习，我发现并不是提供充裕的材料，就能让孩子有所运用与发展，我们更需要关注和促进孩子身心全面协调的发展。因此，作为教师我还有更多需要做的，同时我也进行了反思，在角色区里，我更应该关注的是孩子如何在其中玩耍，而不只是提供材料。我要更多思考的是如何创设？投放的材料是否利于孩子探索和发展？如何引导孩子进行生活经验的迁移？对孩子在区域的活动如何观察与指导？如何带领孩子总结与分享？

通过这样的思考，在角色区里，我不再像原来那样创设完后就草草了事。当"角色区是否要有明确的分工？要促进社会性发展，是不是要明确角色意识？"这样的问题被别人提出来时，我一下子有了更清晰的创设思路，要促进孩子的发展，我应该尊重孩子，从他们的角度出发。于是我把主动权交了出去，和孩子一起去创建区域，一起讨论我们的区域里的规则，里面要有什么样的角色，这些角色的职责分别是什么。我们把讨论的内容展现在我们的环境里并且在真实的环境中做了体验。我们到了小区附近的一个餐馆，有的孩子扮演厨师，他们了解到厨师的操作步骤、厨师的职业素养；有的孩子扮演服务员，知道了服务员如何传菜、如何服务，等等。这样的体验孩子们是开心的，无疑，这样的活动是有意义的！

而这样的成长是通过业务学习和园领导进班指导一步步去获得的。通过这样的活动，我也才更明白尊重孩子的重要性。只有尊重他们的需求与兴趣，才能充分调动他们的主动性，才能最终促进他们的成长。孩子们的成长就像蝴蝶蜕变一样，蝴蝶幼虫有的时候可能看上去并不那么招人喜欢，但是历经磨练，最终会破茧而出，成为美丽的蝴蝶。正如我们倡导的美丽教育一样，要给孩子创造美的环境，培养孩子美的形象、美的言行、美的感知力，塑造孩子美的人格，我们也需要有欣赏美和创造美的能力。

我更会上科学课了

陈　鹏

不知不觉，我来到丽景幼儿园工作已经三年了，但是对于刚入职幼儿园时所发生的事，至今记忆深刻。

刚来到丽景幼儿园给孩子们上课时我特别紧张，但也在此时，我承担了一个区级科学活动观摩课的任务。从未上过这样的课，没有任何相关的经验，一时之间我慌了。但幸运的是，那个时候，我的师傅和如今的副园长孟老师给了我特别多的支持。在白天完成幼儿园的工作后，晚上回到家里我会进行教案修改，有时候修改到晚上九、十点钟，然后给师傅和孟老师发过去，请她们帮我修改、提意见。她们收到后当晚会立马审阅，帮助我修改，有时候一改就改到了深夜。刚来到幼儿园，我的教学经验并不丰富，教案也写得并不详细，对于活动的目标和活动重难点的把握也不精准。每次我写完后发给她们，她们会一点儿一点儿仔细去看，看完之后给我讲解，告诉我方法。

然而，最令人感动的是，她们不仅授人以鱼，更授人以渔。每次修改，她们都让我提出问题，然后帮我分析解答，让我自己去尝试，慢慢思索。她们以一种极耐心、启发式的方式，教会了我成长。之后，对于教育活动，我更懂得了该如何书写一份好的教案（要知道写一份好的教案并不容易，需要经验的积累和理论的支撑），明白了要先确定活动目标，再确定活动重难点；明白活动目标分为认知学习目标、情感学习目标、动作技能目标。目标的表述应满足以下标准：要具有可操作性，避免过于笼统、概括和抽象；要清晰、准确、可检测，不能用活动的过程或方法来取代，要从统一的角度表述目标；要通过多种活动实现，而不能一个活动指向多种目标。活动的重点是活动中必须要完成的；活动的难点是活动中需要去提升幼儿能力的部分。理解了这些，我的信心有所提升，顺利、较好地完成了这次区级的科学活动观摩课。正是通过完成这次任务，原来不太敢在孩子们面前开展活动的我，开始适应了。

又一次，我承担了科学活动观摩课的任务，有了上一次的基础，想到之前得到的支持与肯定，我不再那么紧张了。这一次，我独立完成了前期的准备，科学活动也开展得非常顺利，较上一次有了很大的进步。

积极教育的目标很简单，其中之一就是"使老师学会把握自己作为教师的幸福感，同时学会如何去帮助学生提升用科学的方法建立幸福的能力"。我很幸运，在我的成长过程中，有这样一群无私又专业的人来帮助我、鼓舞我，给予我积极的引导，让我充满幸福感。接下来，作为教师的我将把满满的收获传递给孩子们，让孩子们也获得幸福。

毕业营的故事

任 颖

2016—2017年这个学年里，我担任了大班年级组组长，这一年也是非常特殊的一年。2017年7月我带了三年的班就要毕业了，我和大班的所有老师准备一起为毕业班策划一个毕业活动。我们准备了几个不同的方案，针对这几个方案，我和大班老师们一起进行了讨论，一致认为毕业营活动比较适合孩子。决定后我们去征求了志愿者家长的意见，他们认为在户外开展活动的形式非常好，于是大家积极行动起来，并在班级群里展开宣传。就这样，我们的活动方案初步确定下来。

制定好方案之后，我们开始进行前期的准备。因为是毕业活动，重点在于孩子们毕业成果的展演和展示，我们决定将文艺展演作为活动中的精华部分。因此每个班也在抓紧时间排练节目，如朗诵毕业诗、唱毕业歌等。孩子们在排练的时候正值夏天，天气很热，排练得很辛苦，老师与孩子们之间针对节目的调整进行了多次讨论，有的小朋友建议可以在服装上做出一些改变，有的小朋友建议在队形上做出调整，节目就这样如火如荼地排练着，孩子们的意志力也在这个过程中得到了锻炼。

这次毕业营活动，我们希望不仅是一场文艺展演，同时也是一次户外的学习机会。我们还组织了一场孩子、家长、老师共同参与的晚宴。因此在前期我

第一章 蝴蝶园记

们关于如何在户外生存对孩子们做了一些简单的、常识性的培训。这次晚宴我们也先给孩子们进行了分组并通知了家长，几个家庭一组，让家庭分工合作，准备材料。但在准备过程中，班级之间合作、老师之间的沟通环节出现了一些小摩擦。问题出在每个班的观念或者理念不一样，在准备食材时，有的家长认为在户外时间长，天气又热，带肉类的食材既不好保存，孩子吃了也不好消化；有的家长因为有车载的小冰箱就想要带很多，而这是一个集体活动，需要做到统一，所以就有了冲突点。虽然有摩擦，但是所有的老师都以积极的心态去解决这个问题。针对食品卫生与安全方面的问题，我们找到一个比较折中的办法，在尽量确保食品安全的前提下大家可以少带，带来的食品可以集中在班里的某一个组，然后大家再分享。最后我们和所有家长进行了充分的沟通，获得了他们的理解与支持。

期待的这一天终于到来了，最终我们呈现了一个完美的毕业季演出，家长们都给予了热烈的掌声，非常肯定孩子们努力的成果；孩子们表演之后格外兴奋、激动，觉得自己完成了一件了不起的事情。在毕业营活动结束后的第二天我们举行了一个颁奖仪式，非常意外的是家长们给我们送上了一个惊喜——他们为我们送上了代表荣誉与感谢的锦旗，这一刻我的内心非常感动，充满了被认可的喜悦和欣慰。

毕业营活动已经过去三年多了，但再想起那时的场景，所有的事情还记忆犹新，那份感动也还在心中荡漾。回忆起在丽景的时光，我的感觉是快乐的，我也想要把这份快乐传递给孩子，让孩子成为一个快乐的人，让他们在快乐的状态中学习，促使他们养成积极的学习态度，拥有良好的学习品质；在获得成功时体验到发自内心的成就感，树立自信心，为他们的未来打下坚实的基础。

初来乍到

马仪菲

丽景幼儿园对于刚刚毕业不久的我来说是一个新环境、新团体，我怀着忐忑的心情走进这个处处欢声笑语的乐园，好奇地打量着我以后即将要工作的地方。

"早上好。"有位我不认识的老师走过来了，笑着跟我打招呼。

"早上好。"越来越多的老师从我身边路过，留下一句一句亲切和蔼的问候。

"早上好。"我在心里面默默重复着他们的话语。这句"早上好"，像是有魔力似的，让我一直紧绷成石块的小心脏，好像一下子掉进了柔软酥嫩的奶油蛋糕里，瞬间轻松了，融化了。时至今日，无论何时想起，心头都是暖暖的。此后的每一天，我都在"早上好"中度过，伴随着"早上好"迅速融入了新团体，开始了我的职业生涯和成长之路。

我总觉得自己是新手，一开始不敢承担工作，怕犯错。期末的时候，我们园所要组织一次教师论坛，每个班出一个老师介绍本班的班级文化。我害怕出错，不敢报名，我的班长认为我可以，就直接替我报名了，他对我的信任与肯定支持、激励了我。虽然当我看到一屋子的人的时候，我在私底下做了充分准备的思绪被冲乱了；虽然在我登台演讲的那一刹那，我的心忍不住怦怦直跳；虽然我紧张到语无伦次，我的脸嫣红一片……可等我介绍结束后，台下热烈的掌声深深感染了我，原来我不是那么糟糕，原来享受掌声的感觉是那么美好。

这一次的掌声带给了我意想不到的收获，让我找到了表达、参与的勇气。有一次，我得知沈阳一所幼儿园园长要来我们园考察，需要教师准备论坛演讲，我鼓足勇气报名参加了。为了准备好那场演讲，我特意设计了一节名为《谁咬了我的大饼》的创意课。我知道语言互动课堂一直都是我不擅长的领域，为了能在大家面前留下好印象，给幼儿园争光，同时也为了提升自己，我把我设计的新课堂在三个小班中反复实验。第一次在小班上课时，我发现绘本带给孩子们许多误导。于是，我重新设计了一本绘本，又在另一个小班上了一遍，发现绘本里面的动物不能和孩子们互动，孩子们向它打招呼时，它不会说话。在发现这个问题后，我把里面的动物删掉了，让陪伴教师充当小动物，和孩子们互动。最后，我在上台展示时，特意给孩子们准备了一个小惊喜，我手里真的拿了一块饼干，给每个孩子也都发了一块，让他们自己观察牙齿留在上面的印迹，气氛活跃的课堂引发了阵阵火爆的掌声。这次掌声离我第一次登台演讲听到的掌声已经时隔许久了，但是当它响起时，竟然给了我一种久违的熟悉感。

此后，我爱上了演讲。由于优秀的表现，我成为丽景幼儿园开学典礼的公认主持人。

从最初的不敢到忐忑尝试，到以后的勇于尝试，再到成为公认的主持人，这段经历锻炼了我的胆识、勇气和表达能力，属于外在的成长。除此之外，这个美丽、自由、温暖的新团体还给予我内在的成长。

我刚来丽景幼儿园工作的那段时间，正好赶上园里验收活动，幼儿园想要冲刺北京市的市级园评级，那一段时间是我最忙碌，也是我最迷茫的时候，错综复杂的工作让我无从下手，我不知道该从哪一项抓起，只觉得所有的工作都很重要，为此经常忙到晚上九、十点还赶不上进度。好在我遇到了一个好班长，在班长的教导下，我学会了根据轻重缓急安排我的工作进度。其中最让我有成就感的一件事，是我独立完成了班级环境的创设。

我们班的墙壁环境一开始没有特点，孩子们看都不愿意看它一眼，这样的墙壁环创自然就失去了意义。为了给验收项目加分，我让孩子们把自己心目中的墙壁画下来，并且和他们一起商量怎么解决问题、怎么制作墙壁、最后想要达到什么样的效果。墙壁成了我和孩子们互相熟悉、沟通、交流的纽带，也成了我独当一面、独自成长的见证。经过我们共同的努力，我们的墙壁焕然一新。

你可以去触摸，因为它是用不同的材质装饰成的，你可以感受厚实的面料带来的温软质感，也可以感受手指停在透气纤维上时带来的丝滑。

你也可以欣赏，因为墙壁上面装饰的五彩缤纷的图案全是我和孩子们一点一点绘制的，那是我们的心血，我们的宝贝，我们的劳动成果。

你甚至可以在墙壁上练习拉拉链，更可以在墙壁上弹棉花，五彩绚丽、功能齐全的墙壁基本上能满足你各种要求。

现在，孩子们进教室的第一件事，就是到墙壁前转悠，墙壁成了我们班最火热的一景，每天迎来送往地看着孩子们走走停停。

不知不觉，我来到丽景幼儿园已经两三年了，时间匆匆而过，而我从一个初出茅庐的学生变成了以身作则的老师。我的成长经历不正体现了丽景幼儿园的"蝶文化"精神吗？蝴蝶的一生都在蜕变，破茧成蝶是蝴蝶追求的目标，也是我们园所让孩子们拥有美丽、自由环境的初衷和宗旨。而我通过各种各样的活动和课堂，让自己成长、蜕变，我追求的不仅是破茧成蝶的美丽和自由，还有美丽外表下的知识的沉淀、内在的升华。

幸福的味道

杨红如

"杨老师,你就坐在那里别动了。"

"前面孩子转来转去的,千万别让孩子碰到你。"

我坐在资料室,听到园长一遍又一遍的关照声,心里一片暖洋洋。今天我们园所举办元旦活动,而我因怀孕身体多有不便,园长特意把我调到资料室管后勤工作,这种特殊的照顾让我既温暖又感动。

刚才展现的一幕,只是我日常生活和工作中的冰山一角,幼儿园这个大家庭对我的叮嘱和帮助让我的心里时刻都像蜜一样甜、火一样暖。而享受到这种待遇的我,只不过是刚刚从其他幼儿园调来的新老师。

因为工作距离的原因,我从其他幼儿园调到丽景幼儿园,来到这里的我没有其他的要求,只想安安稳稳地工作、平平淡淡地生活,好好地爱孩子、教孩子。再加上我一级教师的职称也评下来了,工作稳定,慢慢衍生出小富即安的心理,就把自己定位成不需要再努力拼搏的人,安稳地享受生活等着退休即可。

我的这种求稳的心态很快就被一个人改变了。

"杨老师,你怎么不评副高啊?"园长亲切地拉着我的手,和蔼地说。

"评副高?我也能评副高?"我特别不自信地以半开玩笑半回答的方式说了一句。

"你可以啊，只要你愿意，我们可以给你搭建平台。"园长的话在我心里泛起了涟漪，我只是一个普通老师而已，园长竟然把这些小事放在心上，为了让我在工作上走得更好，她对我的事都这么上心，我还有什么理由不努力呢？园长关爱的话像一道光，给了我找到方向的力量与动力。

在园长的带领下，我走上了自我提高、自我发展的道路，并且加入了美术教研组。我当时给自己的定位是，既然决定要申请评副高职称，就要出成绩，只有出了成绩，才能更上一层楼。因为有了规划和目标，我在美术教研组表现得很积极。这件事对我的影响很大，可以说，几乎是改变了我的人生规划和生活态度，无论何时想起，都会感恩园长和幼儿园这个大家庭。

在我加入美术教研组的第二个学期，美术教研组需要一个核心组长统领组员，我申请了核心组长的位置，并积极参与考察、参加观摩活动，最后在投票、内部组选上皆获得了全票通过的成绩，得到了区里认聘的核心组长的荣誉。

成为美术教研组的核心组长后，我得到了参加区里培训的机会，组织美术教研组的成员共同学习，然后把学习心得辐射到区里周边的十几个幼儿园，让大家一起享受区里培训的劳动成果。

此外，在教学水平方面我也有了显著的提升。人们常说"见多识广"，而我是"见画识广"，我不是擅长美术的人，也并不心灵手巧，只有审美还可以。好的审美是需要锻炼的，而我的审美就是从各种各样的展览、培训、交流里练出来的，弥补了我在绘画方面的不足。在我看来，好的绘画老师不但要画画好，更要教得好，能充分根据孩子的情况，因材施教，让每一个孩子都闪闪发光，在一点上，我认为自己成长了。

转眼间，我已经在丽景幼儿园工作了很多年，幼儿园给我最大的收获是我在这里找到了幸福感和归属感，无论是教师之间的一句简单问候，还是我自己从无目标到有目标的改变，抑或是我自己在教学方面的成长，每一次改变，都是幸福的味道。那种感觉就像蝴蝶在阳光下翩然起舞一样，绚丽、真实、快乐。老师们就像小毛毛虫一样，不管是三年、五年、十年或者是更长的时间，坚持初衷、努力进取，完成小毛毛虫向蝴蝶的蜕变，再回首，欣赏一路走来的绚烂。

"跑"着进步

王东兴

一个孩子的身影从远到近地闪入我的视线，我接过他、搂着他亲了亲，在和他有了片刻的相聚后，把他交给他的爸爸，看着孩子爸爸抱着他离开，看着他小小的身影慢慢消失不见，虽然和他相处只有短短的几分钟，我的心里却充满了幸福、满足感。

我是这个孩子的妈妈，也是丽景幼儿园的老师，更是幼儿园所有孩子的"妈妈"。午饭时间成了我和自己的孩子相处的固定时间。因为想要兼顾家庭和工作，我选择丽景幼儿园，调入丽景幼儿园不仅是我家庭生活的崭新起点，更是个人职业成长的开始。

干我们这一行的都说，换一个新环境，没有三五年，是不习惯的。很不幸运的，我就是那个不适应的。我曾在其他幼儿园工作了六年，那个园所一些固定模式已经根深蒂固地嵌入我的心中，对于丽景幼儿园的新兴教学模式，一时间我很难适应，尤其是在我刚调来时，遇到了园里重要的验收活动，对我也是前所未有的考验。那些日子，我每天早出晚归，忙得连轴转，可以说，我曾经一年的工作量都不及在丽景的几个月多。我几乎累得"瘫痪"，没有时间休息，也没有时间陪孩子。纵然这么累，但我的心感到前所未有的踏实、满足、充盈和快乐，甚至现在回想起来，心中竟然怀念、感激那些磨人、劳累的岁月。没有曾经的辛苦，就没有我今天的成长和蜕变。

我的成长和变化主要体现在两方面，一方面是独立自主能力、坚强坚韧的品质的培养；另一方面提升了管理能力。

以前我的工作，都是在两个老保健员的带领下完成的，什么事情都不用我插手，我只需要听安排、按部就班、保证完成即可，根本不需要我计划和承担责任。来到丽景幼儿园之后，我接受的工作都打散了，需要我把它们细化分类到每一项，并且要预估成效，在规定的标准上反复修改教案，并在不断完善这些工作的同时，向着更高的标准迈进。在反复的修改和磨炼中，我从一块粗糙的小石头，磨砺成一块有棱有角的坚硬美石，成长为独当一面的教师。

管理组织工作曾经是我最不擅长的地方，我以前没有机会参加工会活动，不知道怎么组织，也不知道该如何管理，忽然间有机会摆在面前了，并且必须自己独立完成，可想而知，我的内心是慌乱不安的。在园长和同事的帮助下，我参加了美食品鉴会、家长会、卫生保健会等众多培训，看得多了，自然而然就学会了依葫芦画瓢，掌握了管理方面的知识、技巧。通过积累组织会议的经验，我慢慢地适应了各种工作。现在，我已经荣升为保健主管，管理得更多，想得也更全面了。对我而言，这是一个非常大的提升，是丽景幼儿园给予我的一个成长机会。

我来到丽景幼儿园已经三年，这三年也是我人生的一个蜕变阶段。我从不独立的老师蜕变成独当一面的老师，从不擅长组织管理的人变成保健主任，又从群众变成预备党员，无论是文化素养还是精神内涵都得到了很大提升。在丽景的每一天，我都不敢松懈，每天都要快速地朝前跑，因为我坚信只要"跑"着进步，就不会被时代所淘汰。我就像蝴蝶一样，经过蜕变的痛苦，也享受到了蜕变后的幸福与美丽。愿我美丽的羽翼在温暖的大家庭中越飞越高，愿我微薄的力量能为美丽的蝴蝶家园添光添彩，让充满自由的丽景幼儿园越来越美、越来越温馨。

转 岗

刘 民

在调到后勤管理部门之前，我是一名教三十多个孩子的幼儿老师，从前的工作我只和孩子、家长打交道。对于后勤管理，我是一无所知，巨大的工作落差使我一下子变得不知所措。

在我一筹莫展的时候，园长看出了我的焦虑，她手把手教我怎么做。其实，在一个新建园里，园长身上的担子很重，可她能抽出时间，一点一点地耐心教我，这种谦和的态度让我深受感动，更激发了我求知向上的上进心。

另外一个让我感动的是，之后在推进工作的过程中，老师们能够在落实自己工作的同时配合我一起把各项工作做好。那些"小老师们"都是从学校直接进入幼儿园的学生，虽然工作经验不足，却都怀着一颗热情似火、不怕苦、不怕累的赤诚之心。我记得有年冬天，园里要组织大扫除，我是后勤组的管理人员，园长自然而然就把这份工作交给了我，当时园里没有暖气，天气很冷，玻璃上的灰尘被冷气冻成了霜花，我心里暗暗发愁，怎么把玻璃擦干净。没想到，等我吩咐下去后，在家不干活被父母当成宝的"小老师们"竟然用手心里的热气去焐玻璃上的冰花，看到他们冻得红彤彤的手，我感动得眼冒泪花，我为"90后"的孩子们能有这种吃苦耐劳、踏实肯干的精神感到自豪、欣慰。

第一章 蝴蝶园记

在老师们和园长的帮助下，经过一段时间的学习，我从最初的迷茫，逐渐变得能够冷静地统筹工作。我觉得在管理能力方面最大的收获就是掌握了和校外人士交流沟通的技巧，以及如何利用校外资源为园所服务。因为后勤管理工作的原因，我需要经常和社会机构打交道，在工作来往过程中，认识了一个从部队退役的武警。当时，我意识到他是一个很好的教育资源，于是抓住机会积极邀请他来丽景幼儿园为孩子们做治安管理、防爆防恐的教育安全活动，帮助我们完善园所的安全设防工作。

这几年，通过与外界的交流接触，我的业务能力和组织管理能力有了明显提升。我的成长历程就像丽景幼儿园宣传片里的小毛毛虫一样，经历了量变到质变的过程。以蝴蝶作为园文化，是老师们从建园之初，反复商量、推敲下达成的共识，而选择蝶文化的初衷是因为幼儿园是孩子们迈入社会的第一步，我们想要他们用懵懂、纯真、求知的眼睛观察新社会、新环境，在和谐、温暖的氛围下度过三年的快乐时光。而我在干了二十几年的一线幼儿教师后，直接转为管理岗位，我也同孩子们一样懵懂，在接触工作的时候也像那只幼小的"小毛毛虫"茫然无措地一点一点成长，最后蜕变成一只会独立思考、统筹安排、合理利用的美丽"蝴蝶"。现在，后勤管理工作基本上已经步入正轨，而我也从学习者变成了合格的管理者。

机　遇

赵宇佳

在带孩子们参观芽菜的时候，我本就昏昏沉沉的头被孩子们兴奋的吵闹声震得嗡嗡作响，以至于我的情绪低落下来，甚至身体也出现酸软无力的现象；并且这种现象持续到 12 点，等孩子们吃完饭午休，我瘫软在班级地面上后才有所缓解。

就在我半醒半睡之际，班级的门忽然开了，黑压压地走进来一群老师，围在我身边，关切地问："赵老师，你怎么了？午饭也没见你去吃。"我撑着胳膊坐起来，摇摇头："没事，就是头有点晕。""是不是病了呀！""快去医院看看吧！"老师们一句接一句地说着。这时园长也握着我的手，温柔地说："赵老师，你可不能病啊，我还想让你外出培训呢！"园长的话让我迷迷糊糊，眼下眩晕的头让我来不及想其他事情，也就没把园长的话放在心上。最后我在保健老师的搀扶下去了医院。

等病情好转后，我回到幼儿园上班，刚一进办公室，园长就把我叫去，她想让我去四川幼儿园参观培训，就此询问我的意愿。有培训的好机会，我当然愿意，可是同时我也犹豫，我外出了孩子们怎么办。园长似乎看出了我的顾虑，安慰我说："让其他老师替你一个星期，你安心外出考察就好。"

为什么我能得到外出培训的机遇呢？这还要感谢那一次种芽菜的活动，它是一次源于孩子们兴趣的活动，也是一次让我受益匪浅的活动。

一次，我觉察到孩子们对豆芽的兴趣，于是，我组织孩子们在班级里开展了种植活动。首先我让孩子们收集豆子，然后一起种下豆子。等豆子发芽收割后，我请孩子们将它们带回家，家长们带着孩子们做出了豆芽饼、豆菜、豆汤等各种各样的美食。过了几天，芽菜又长高了，我让孩子们想想这次该把芽菜送给谁，孩子们议论纷纷。在讨论中，有人提议将它们送给保安叔叔和园长妈妈，这个提议一下子就获得了大家的赞同。于是，我和孩子们一起把芽菜做成了一束花送给了保安叔叔和园长妈妈。这次活动很受孩子们喜欢，也是一次很成功的活动。因此，园长决定让我出去观摩学习，以便汲取其他园的优点，进一步丰富教学知识，开展更多优秀的活动。

在一切工作准备妥当后，我外出考察了四川的一所幼儿园，此行我们既考察了他们的幼儿园环境，又分享了我们的芽菜课程，做到了参观、分享两不误。当然，此行我也收获颇丰，其中，四川幼儿园的操场环境装饰让我印象最深刻，他们的操场上摆满了五颜六色、形态各异的瓶子，孩子们可以在瓶子中做游戏，也可以围着瓶子跳圈，甚至可以拍击瓶子充当乐器玩。这些瓶子来源于生活中废弃的瓶子，四川幼儿园的老师们发挥他们的聪明才智将它们变成儿童的乐园，成为园所靓丽的一景，这种变废为宝的新颖设计和理念，让我深受启发。从前我认为废物利用很容易，但是要像四川幼儿园利用得这么有特色、这么出彩，却需要花费一番心血。

总之，这次的外出考察增长了我的见识、丰富了我的视野、提升了我的专业能力，让我在以后的教学中更加大胆，不再墨守成规。就像小毛毛虫在蜕变成蝴蝶后是美丽的、全新的一样，我在经历一番成长、历练后，也是美丽而全新的。感谢丽景幼儿园用无私的理念和温暖培育我成长，以后我也要用我的努力来回报这个大家庭。

第二章
鲜活的生命，独特的光彩

"花儿离不开蝶儿的依恋，树儿离不开鸟儿的陪伴"，用这句话，可以很好地形容教师与幼儿的关系。在幼儿园，这种关系是幼儿园教育过程中最基本、最重要的人际关系。"师"与"幼"不是单纯的教育者与被教育者，他们是相互平等和民主的关系，是相互依赖和接纳的关系。正确定位好自身的角色身份，以平等、民主、对话、开放的心态与幼儿进行交流和互动；以尊重、接纳、肯定的态度去面对所有的幼儿。不是只有幼儿向教师学习，教师也要向幼儿学习。只有尊重幼儿的教育才是真正的培养"人"的教育；而离开了对幼儿的教育和保护，尊重幼儿就会成为一句空话。因此，将两者加以最恰当地统合，是建立良好的教师与幼儿关系的关键。做好这点，我们才能让每一个人都成为"我自己"，才能最终实现"我之为我"的生命价值。在丽景幼儿园，我们重视这样的关系，希望每一个生命都能焕发出自己独有的美丽光彩。

小伙伴们

毛 雪

九宝，是我从小班开始就带的一个孩子，如今已经升至大班了。时间过得飞快，想起最初认识的九宝，是个脾气有点"坏"的孩子。他的妈妈十分顺从他，无论九宝要什么，妈妈都会同意；凡是九宝提出的要求，妈妈都会顺从地回答："行，妈妈来帮你。"

刚来小班的时候，九宝很难和妈妈分开，总边哭边闹，而且这样的情况持续了大概一个月才有所缓解。在那段时间我一直都在照顾九宝。可能因为接触的时间长了，九宝对我越来越信任，把我当成姐姐那样对待，无论我去哪里他都跟着，十分黏我。但我是整个班级的老师，不能长时间只照顾一个孩子，只带着一个孩子活动。当时的状况，显然是不合理的，于是我和班级其他老师进行了讨论，对孩子的情况进行了分析，想到了一个小策略。九宝是在我长时间的陪伴下才建立了对我的信任，如果其他两位老师增加与他的交流，多帮助引导他，会怎么样呢？就这样尝试后，九宝慢慢打开了自己的心扉，不再只是依赖我一个人了。

解决了依赖我的问题，在与同伴的交往上，我们也积极鼓励他。在小班的一次角色区游戏中，九宝跟我说他想要扮演"爸爸"这个角色，而当时角色区里正好缺少一名这样的角色，于是我鼓励他："九宝，你可以去跟别的小朋友商量下，问问你可不可以当这个爸爸。"但是九宝说："老师，我不敢去，我怕别人拒绝我，老师你陪我一块儿去吧。"我答应了他，因为了解九宝的情况和性格，明白他在社会交往上，相对于别的孩子表现得更害怕、胆怯，所以我陪着九宝过去了。在问的时候九宝的声音特别小，感觉到九宝害怕。抱着他在迈出第一步后仍能勇敢与同伴继续交往的希望，于是我帮助九宝把他的需求说了出来，结果得到了很肯定的回应："可以呀！那咱们一起玩吧。"当听到这个答案时，九宝特别开心。在以后九宝与别的孩子一起游戏的过程中，我也会去帮助他，这可能对我来说只是一两句话的事情，但是对九宝来说，就是给了他勇气和力量。在长时间的鼓励和帮助下，九宝可以大胆和别的孩子交流沟通了，我们也看到了九宝这样的转变。

一次在活动区活动时，九宝和宁宁同时想玩一个玩具，但他不好意思跟宁宁说他们一起玩，只是站在旁边看着，等待宁宁玩过之后再玩。在旁边观察的我看出了他的想法，过去问九宝："九宝，你怎么了？"九宝特别小声地跟我说："老师，我也想玩这个。""那你可以试着去跟宁宁说呀。""那人家会不会拒绝我？""你不试试怎么会知道呢？"我鼓励他。之后九宝真的尝试了，九宝走到宁宁身边非常小声地说："宁宁，我能和你一起玩吗？因为我也想玩这个玩具。"能看得出他确实鼓足了很大勇气，而且也没有再要求老师的陪伴。可能因为九宝的声音太小，宁宁没有完全听清楚，所以并没有马上回答，这时候，九宝有点儿失落，过了大概几秒钟的时间，宁宁回答道："可以呀，你可以跟我一起玩，你坐旁边吧！"听到宁宁的回答，九宝瞬间就开心了。自从那次以后，类似这样的问题九宝都不会再找老师帮忙，他更主动了，与其他孩子的相处也越来越融洽了，有了新的朋友，我也从九宝同伴的角色中退了出来。

如今到了大班，九宝虽然还是会依赖妈妈，但是已经能够独立与同伴游戏，社会交往能力也逐渐增强。而我们也和九宝妈妈进行了多次沟通，九宝妈妈也做出了改变，没有像之前那样去顺从孩子，什么都无条件答应，并且在适当的时候也能够对九宝严格要求。

陪伴九宝的经历，让我也有所思考，深刻认识到教育绝不只是幼儿园的事情，家庭教育也对幼儿有着极为重要的影响。而且我认为家庭对孩子的教养应该用民主的方式鼓励孩子独立，在悉心引导中帮助孩子做出独立的决定。

同时，九宝的经历也提醒和启发了我，在今后的教育中，在扮演不同角色时所需注意的。作为家长，特别是独生子女众多的现代家庭中的家长，难免会想给予孩子更多的爱，但要明确也要谨记的是家长的爱不应该是过度的溺爱；作为教师，我们需要做好家园沟通，提高家长的教育意识和理念，帮助改善家庭教育方式，这是作为教师的一份责任，也是作为教师的一份担当。

第二章　鲜活的生命，独特的光彩

学会自理

李　莹

我是一名生活保育员老师，孩子每天生活里的吃喝拉撒全归我管，每个来到幼儿园的孩子在生活习惯上都会有些不同，这些很常见。但这一次我遇到一个特别的小朋友。

这个小朋友的名字叫泽泽，是我们班年纪比较小的一个，他是八月出生的，相比班上其他小朋友来说还要更小些。泽泽由他的妈妈全职带大，平时对他的陪伴非常多，在家里他也只是找妈妈，基本不怎么与其他人亲近。所以在小班刚开学的时候，他的分离焦虑非常严重，在穿衣服、洗手、吃饭这些方面的自理能力都比较弱。刚开始吃饭的时候，泽泽只吃白米饭、白馒头，一口菜都不吃，汤也只喝没有任何食材的汤。

对于泽泽的情况，我感到十分费解，但同时也予以尊重。于是我跟泽泽妈妈进行了沟通，因为只有真正了解到孩子的需要，我们才能有的放矢，更好地去引导孩子。泽泽妈妈告诉我，泽泽在家的时候吃饭就是这样，吃东西非常简单，一些奇怪的、颜色比较重的，或者不常吃的东西，他全都不吃。

了解到这种情况以后，我先从泽泽的餐食方面进行引导。刚开始泽泽不愿意喝汤，我端给他类似清水的汤，他能够接受并开始喝一点。慢慢我们开始尝试给泽泽的汤里面加些蛋花，并告诉他汤里面加的是鸡蛋。他再次跟我确认："这是鸡蛋吗？"我说："对。这是鸡蛋，你可以尝一尝，这个鸡蛋的味道特别香，你平常在菜里面也吃过鸡蛋，你可以尝一尝鸡蛋在这个汤里的味道。"他试着去喝了一点，慢慢地我在里面再增加一些菜。泽泽很少吃菜，我会跟他说："菜和米饭是好朋友，要在一起，吃了它们，你的身体才会有营养，才会变得更强壮。这样长大以后你就可以保护妈妈了。"因为泽泽对妈妈很依恋，从这一点上引导，泽泽更容易接受。他的情绪波动比较大，记得刚开始的时候我给他盛米饭盛了正常量，他看到饭后就大哭："老师，我吃不了这个，我不能吃。"于是后来每次盛饭我尝试给泽泽一点一点盛。

就这样一点一点地，泽泽吃饭的问题得到了解决，这是尊重泽泽，从他的需要选择了适合他的引导方式的结果。那其他生活自理方面，又该怎么做呢？每天中午泽泽要在幼儿园午睡，但是他不会穿鞋。于是我教他："咱们要两只手拉着小舌头一起穿，然后才能把鞋穿上。"刚开始的时候，他尝试了几次，但是穿不上，然后就会号啕大哭，边哭边跟老师说："老师，我穿不上鞋，请你帮助我。"通过跟泽泽妈妈的沟通，了解到泽泽的脾气非常急，也非常爱干净，比如要出去玩了，他就会让妈妈赶紧帮他把鞋和衣服都穿上，然后出去；如果衣服上湿一点点的话，就必须要换；手如果脏了的话必须要洗，而且必须要洗干净为止。于是在穿衣服的时候，我们以儿歌的形式引导泽泽多加练习，在旁边鼓励他，以这样游戏的方式来引导，是符合小班孩子年龄特点的，也是适合泽泽的。泽泽也喜欢模仿，我给他找了一个好朋友，让好朋友带着他去学习，因为得到同伴的帮助，会让他容易吸收单靠自己无法吸收的东西，同时也给泽泽提供人际间相互交往和共同活动的机会与条件，促进他的社会性发展。就这样在幼儿园里循序渐进地去改善泽泽的自理能力，同时也跟泽泽妈妈商量，希望可以多让泽泽自己去做事情，多鼓励他；也希望泽泽妈妈能够经常带他出去玩，多跟不同的人接触。

现在泽泽的变化特别大，在小班下学期期末的时候，泽泽已经可以自己穿脱衣服了,对于幼儿园的饭菜泽泽也基本都可以吃了,甚至不够量的时候还会主动举手说:"老师,我还要吃。"再也没有出现之前那样哭闹的情况。升入中班后,泽泽变得非常有礼貌,完全适应了幼儿园的生活,家长对我们的工作也非常肯定和认可,非常感谢我们。如今我们还是会经常沟通孩子的情况,我们都希望孩子健康快乐地成长。在我们的共同努力下,挖掘泽泽的潜能,促进他的健康成长,真正实现家园共育。

成语故事比赛

安丽娜

去年我带过一个男孩子,他叫霏霏。在中班刚刚认识他的时候,他表现得比较内向,不爱说话,每次叫他的名字的时候,他的反应就像个害羞的小姑娘。

随着逐渐熟悉,我发现霏霏在班级里大多是沉默的,这样的情况我看在眼里急在心里,想要寻找一个机会帮助他。之后发生了一件让我印象非常深刻的事。那是一次成语故事的主题活动。在活动开展前,我们先让孩子们去认识成语,同时邀请家长们帮忙一起搜集成语。在这个过程中,我发现霏霏对成语里的图片很感兴趣,他搜集的成语也是多种多样的,有的还画了出来,非常用心。或许这是一个好的机会,可以从兴趣上去激发霏霏的勇气和自信,鼓励他勇敢展现自我。恰好我也发现班上的孩子对成语故事特别感兴趣,于是我们决定开展一个成语故事大赛。

这个活动我们采取发报名表,孩子自愿参加的形式。在第二天我们把报名表收回来的时候,没有看到霏霏的报名表,于是在过渡环节的时候,我问他:"霏霏,你为什么不参加呢?"他说:"我想参加,但我不敢。"听到霏霏这么说,我就拿出他搜集的那些成语故事,鼓励他道:"霏霏,你看你搜集的成语故事这么好,而且还以画的形式来展现,我相信如果你去讲故事的话,一定会讲得特别好!"他说:"嗯,是的。"晚上我给霏霏妈妈打了一个电话,希望霏霏妈妈在家可以多鼓励他，霏霏妈妈告诉我虽然鼓励了他，但他还是有些担心不敢去说，其实在家的时候霏霏说得挺好的。我建议霏霏妈妈在家里继续鼓励他，在幼儿园我们也想办法多去鼓励他。第二天，霏霏特别开心地把一个报名表交给我，我看了看报名表，给他竖一个大拇指说："真棒！"别的话并没有多说，说多了我担心霏霏反而会更紧张。在准备的过程中我问霏霏："霏霏，你讲的成语故事，想用什么道具？"我建议他可以自己尝试去制作，如果遇到困难可以找爸爸妈妈或者找我来帮助。然后我再次跟霏霏妈妈沟通，给了一些帮助霏霏做准备的建议。

成语故事比赛的时间到了，霏霏走上台，虽然声音还是有一点点小，但是能勇敢地走上台表演就是他最大的进步。通过这次活动，不仅霏霏的语言表达能力得到锻炼，最重要的是霏霏的性格变得开朗了，慢慢地，霏霏敢在大家面前去展示自己，不再把自己内心的想法都藏起来了，跟小朋友之间的互动也多了，有什么事也会主动找老师去沟通。

到了大班，我发现霏霏的胆量和表达能力都有了进步。一次轩轩好像忘了带什么东西，而他也是一个性格比较内向的孩子，不敢告诉老师，霏霏就主动帮助他去跟老师解释，并询问老师要怎么做。霏霏表现得自信大方，他真的成长了。

霏霏的经历对我来说是很珍贵的。我已经学会如何根据孩子们的兴趣来促进他们的发展，而不是根据我的想法。相比于为了"教"而教，为了"学"而教才是我们更大的目标。

竞 选

李 俊

2017年我来到丽景幼儿园，入职后的第一年，我主要负责后勤工作。第二年我开始进班工作，带的是大二班，在这里我认识了俊俊小朋友。听之前带班的班长说，俊俊在小班和中班的时候，在社会交往方面存在一些问题。他不太容易融入班级集体当中，经常会因为一些小事儿来跟老师告状，也经常被其他小朋友告状，不太能够受委屈，有情绪的时候，和老师沟通时经常处于尖叫的状态。俊俊是隔代抚养的孩子，爸爸妈妈陪伴的时间少，对俊俊的要求很严格，偶尔还会训斥他。而且俊俊在幼儿园时也出现说脏话的情况，因此别的小朋友不太愿意跟他进行交流，甚至孤立了他。

一次我们开展了一个关于成语故事的主题活动，在开展活动之前，我们先进行了"闻鸡起舞"故事里主角祖逖的竞选。《幼儿园教育指导纲要（试行）》要求"为每个幼儿提供表现自己的长处和获得成就感的机会，增强自尊心和自信心"，我希望小朋友们能在竞选中展现自己，也希望他们有更多的交流机会。参加竞选的小朋友们都很踊跃，俊俊也参加了，但是票数只有一票，没有竞选成功，当时俊俊就开始哇哇大哭，我上前去安抚了他，提议他可以尝试"皇上"这个角色，并让小朋友们举手表决，所有小朋友都同意了。看到大家都支持他去当"皇上"，俊俊的心情稍微平复了一些，但是对没有竞选上祖逖这个角色

第二章　鲜活的生命，独特的光彩

还是不能释怀。

最后俊俊并没有选择演皇帝，但其他角色已经被选，唯一剩下的就只有大公鸡了。我跟俊俊进行了私下沟通，跟他说明现在的情况："俊俊，现在只剩下一个角色了，就是那个大公鸡，虽然这个角色看起来是配角，但是如果你演好了也会非常棒的！"俊俊接受了这个事实。在排练的过程当中，虽然他演的大公鸡是个比较小的角色，只需要偶尔大叫一下，但是俊俊演的时候非常认真。看到俊俊这样的状态，无论是班长，还是我都当众表扬了他。俊俊比较缺乏归属感，渴望获得别人的认可，需要给他机会去表现自己，也希望通过对他正面的评价引导其他孩子与他交往。在之后的排练中，只要他有比较好的行为我们也马上鼓励，后来他演这个角色越来越认真了。

正式演出的时候，很多家长都前来观看。到俊俊出场了，他的表演生动形象，赢得了很多家长的掌声。之后我们也和俊俊进行了一次沟通，帮助他回顾反思："虽然我们最终选的这个角色并不是最初想要的，但是你认真去做了，最后我们赢得了掌声。任何事情，只要你认认真真去做，你肯定会做得非常出色。"从那次表演后俊俊的自信心就开始增强了。

又一次我们开始竞选了，这次我们竞选的是升国旗的升旗手，参加竞选的一共有两个小朋友，俊俊是其中之一，票选结果是俊俊九票，另外一个小朋友十一票。虽然这次他还是输了，但是和之前的仅一票的成绩相比，已经进步很大了。我们以为他还会像之前一样哇哇大哭，但这次他并没有，只说："虽然这次没有当上升旗手，下次也行呗。"这次俊俊的情绪已经能控制得很好了。

如今小朋友开始愿意和俊俊玩了，他拥有了关系很好的伙伴。俊俊也给了我一份礼物——一种以全新的视角看待孩子的方式。作为教师我们有责任去尊重和引导每个孩子的个性。我们可以给他们提供机会，让他们的才能和天赋得到发展。

不再怕高了

隋 超

从小班到现在的中班,我一直带着一个小姑娘静静。在小班刚开始的时候,静静特别内向,平时不怎么爱说话,也不怎么表达自己,每次老师跟她说话的时候,她会表现得比较紧张。

在小班的时候,有一次我们组织小朋友玩滑梯,分两组:男生一组,女生一组。先让女孩子玩那个最高的滑梯,好多小朋友都特别高兴,都去玩滑梯了。突然有一个小朋友来找我:"隋老师,静静哭了。"我赶紧跑到滑梯上面去看她,担心她是受伤了。等我上去的时候发现她确实在哭,我问她为什么哭,她不说话,只是哭。旁边的小朋友告诉我:"隋老师,是因为静静不敢玩这个最高的滑梯,她害怕所以就哭了。"知道了原因,我先安抚了她的情绪,我说:"别哭,没关系,如果你现在还不敢玩这么高的滑梯,你可以跟老师说,咱们先从矮的滑梯开始玩。"听完我的话,静静就不哭了,我拉着静静的手把她从滑梯上带了下来,跟她说:"静静,你看,咱们可以先玩这个低一点的滑梯,等你觉得没问题,觉得自己变得更勇敢的时候,咱们再挑战一下更高的那个滑梯。"我还跟她说:"下次有什么事,不要哭,你可以跟老师说,老师和小朋友们都能帮助你。"她点点头,然后去玩了那个矮的滑梯。在玩滑梯的过程中,她的情绪变得很好,也很高兴。神经学家舒尔(Allan Schore)

第二章　鲜活的生命，独特的光彩

博士指出：孩子的神经机制尚未成熟，在面对过大的挑战时还无法有效调节本能冲动所造成的巨大压力，这时他只有在成人的帮助下，才能逐步调节情绪冲动。及时调节情绪冲动，是神经机制得以健康发育的重要前提。因此，我们需要及时关注孩子情绪，并给予他们有效的帮助。

针对静静的情况，我利用晚离园的时间跟她妈妈进行了沟通，我反馈了静静最近在幼儿园生活、学习等方面的一些情况及当天玩滑梯的经过。静静妈妈告诉我，静静在家也是个比较内向的孩子，平时问她在幼儿园有没有发生什么有趣的事情，她也不是特别喜欢说。她妈妈也说到静静确实有一点恐高，而且胆子比较小，希望我们老师能多鼓励、帮助她，给她更多机会展示。

《幼儿园教育指导纲要（试行）》中对幼儿的社会学习要求："引导幼儿参加游戏和各种活动，体验和同伴共处的乐趣。""加强师生之间、同伴之间的交往，培养幼儿对人亲近、友爱的态度，教给必要的交往技能，学会和睦相处。"经过与静静妈妈沟通了解静静的情况之后，我开始采取了一系列行动。在幼儿园里，针对静静不怎么爱表达、平时也很少跟小朋友在一起做游戏的情况，在集体活动的时候，我会特意提出问题让她来说一说，鼓励她大胆举手表达自己的看法，每次她发言，都会及时地表扬她。在户外游戏的时候，静静刚开始不会主动去加入别人的游戏，我会和几个小朋友商量，让他们去邀请静静加入他们的游戏。之后，这几个小朋友就带着静静一起做游戏，慢慢地静静融入了这个集体，能和其他小朋友一起游戏了。我对她说："瞧，静静，你今天表现特别好，你能和其他小朋友一起做游戏啦。下次呢，不用小朋友邀请，你也可以主动加入他们的游戏。"经过每一次老师对她的肯定和鼓励，慢慢地，静静就不再等着别的小朋友邀请她了，而是已经能主动地去加入别人的游戏了；在集体活动提出问题时，她也会积极地举手发言，表达自己的看法。同时我发现静静特别喜欢表演，很喜欢唱歌、跳舞，我们在音乐活动、分享环节中也给了她更多机会去展示。

  有一天我们又到户外玩滑梯，突然我看到静静从最高的滑梯滑下来了，我特别高兴："静静，你敢自己从那个高的滑梯滑下来啦！"她冲我笑。我想把这一刻给记录下来，我说："来，老师给你拍张漂亮的照片吧！"她说："老师，我还想从上边滑，你一会儿要记得再给我拍照片啊！""好啊！你可以跟小鹏一起拉手上去。"说着静静已经和别的小朋友拉着手爬到了那个最高的滑梯上，一下滑下来，还做了个剪刀手，我给静静拍了照，这张照片记录下了静静最美的瞬间。

掌声的力量

郝梦凡

馨馨，一个我陪伴了三年的孩子，也是一个特别的孩子。犹记得，在馨馨小班刚入园时，就表现出与其他孩子不一样的地方。

在进行家访的时候，馨馨给我留下最初的印象是，她是一个比较害羞的小姑娘，对于第一次来家访的陌生的我们，她表现出很强的距离感，紧紧地依偎在妈妈的身边。观察馨馨的爸爸妈妈，发现他们开朗外向，我猜想，可能是馨馨跟我们还不熟悉吧。小班开学后，我和馨馨逐渐熟悉起来，我发现了馨馨和最初印象不一样的地方，她有自己的想法，在做事情时会按照自己的一套方法来做，但在和别的孩子交往时会表现得有点内向。

在中班时，一次，班上的孩子都对生肖产生了兴趣，从孩子们的兴趣出发，我们开展了一个十二生肖的主题活动。在活动前期，我们有意识地引导班级所有孩子根据活动主题来收集材料，甚至还鼓励他们模仿小主持人，回家采访自己的家人，了解家人的生肖。这次馨馨似乎很有兴趣，准备得格外充分，还做了详细的表格。更意外的是，在正式开始活动后，馨馨勇敢地站在大家面前说话了。虽然看起来还是比较扭捏，小脚儿一直在地上蹭来蹭去，手紧张地拽着衣服，但她却完整地介绍了自己家人是哪年出生的，是什么生肖。对此我们都非常高兴，所有的老师和孩子都鼓起了掌。这是一个有仪式感的鼓励，我希望通过这样的鼓励、这样的认可,让馨馨感受到周围人对她的勇气的赞扬。要知道,在这之前的馨馨经常是插着兜、戴着帽子,独自靠在旁边的,或者是依偎在老师身边;其他人与她说话,经常听到她类似口头禅一样的回答:"嗯嗯,我也不知道。"但是这一次馨馨勇敢地站在了大家面前,掌声响起的那一刻,好像点亮了她与外界交往的那盏灯,她的眼睛也好像在发光,好像突然发现了另外的自己,原来自己也可以站到大家面前去表达。从那个时候开始,我发现馨馨开始变化了。

现在上大班的馨馨,爱说话了,语言表达越来越清晰,并且有了好朋友,还经常和别的孩子聚在一起玩游戏。更惊喜的是,她不再待在一个人的世界里,会关注班级的事情,开始主动去探索,主动去发现一些她好奇的事情,并且愿意给她的同伴进行介绍。

看到馨馨的变化,我是欣慰也是庆幸的。然而,与此同时,馨馨的故事也向我们传达出这样一个信息:孩子们需要鼓励,正如植物需要水。没有鼓励,他们就无法生存。作为成年人,我们知道所有如何去表现的方式,我们已经掌握了融入社会的技巧,但孩子们还需要学习,而鼓励就是帮助他们的那一捧水。因此作为教师我们更加要懂得鼓励的艺术,要着眼于优点,让孩子在和善而坚定的气氛中,发展合作以及独立解决问题的能力,掌握使他们受益终身的社会技能。

第二章　鲜活的生命，独特的光彩

陪伴是最好的礼物

颜国东

我们班上有个"阳光宝宝"叫辰辰，说到"阳光"，肯定就会想到运动，但是在最初接触辰辰的时候，他却并不爱运动。在小朋友们都去户外做运动的时候，别的小朋友可能都在跑步，他可能就是在走，我跟他的故事就从这里开始。

我是班级的配班教师，在主班教师照看大部分孩子的时候，我需要辅助引导个别孩子。在每次跑步时，别的小朋友都在跑步，甚至都跑得很远了，但辰辰仍在慢慢悠悠走着，所以我就很容易捕捉到他。看见他走着，我走到他身边说："这样吧，我跟你一块儿跑，我拉着你跑。"孩子在成长的过程中必然要不断面对挑战和压力，我们应给予他们及时和有效的帮助，促进他们信心、能力的发展。在我陪着他跑步的开始阶段，每次他大概能跑个五十米到一百米，但不久就开始找一些借口说："哎，颜老师，我腿疼。""颜老师，我跑不动了。""颜老师，我喘不上来气。"看到辰辰这样的状态，我就让他去走一会儿，先去帮助其他掉队的小朋友并给予一些个别的引导，然后再马上回来找他。回来后我对他说："你看，你也歇了这么长时间了，咱俩接着跑吧！"他说："那好吧，要不然再走会儿。"我们又协商了一下，决定再走十到二十个数，数到就继续跑，他答应了，数到了，我拉着他接着去跑。

就这样一直坚持，大概过了一到两个月。再看辰辰跑步，发现他跟之前不一样了，时间上和强度上都比原来有了进步。每次跑完之后还跟我主动说："颜老师，我们休息一会儿，然后再接着跑。"明显能看出辰辰在运动方面比原来有了很大的进步。在这个过程中我也发现辰辰其实不是不能坚持，只是需要有人在身边陪着他，当有人跟他共同去完成这件事情的时候，他就会比平常更愿意去坚持，也更愿意去努力。就这样又过了一段时间，我发现他开始主动找我，拉着我说："颜老师，今天咱们跑五六圈。""颜老师，今天我们跑十圈。"现在每次辰辰都会比其他小朋友多定下一些目标，运动越来越主动，再也不是之前那个不爱运动、老找借口逃避的孩子了。

你和你的孩子有过"朋友时刻"吗？这是陪伴辰辰的经历让我感悟到的，也是我要提醒自己的。其实每个孩子内心都有一个杯子，需要去蓄满爱与关怀。杯子满了，孩子会变得合作、快乐、充满创造力。因此，作为教师，我们的任务之一就是：关注孩子，满足他们的需求，同时倾听并鼓励他们。

《虫儿飞》

林 雪

时光匆匆，转眼到现在我已经工作五年了。在我工作期间，遇到过很多孩子，但给我印象最深的，是我上班第一年遇到的一个小女孩，她的名字叫关关。为什么说她给我的印象最深刻呢？因为她对于我来说实在是太特别了。

关关长得高高的，比同龄的孩子都要稍微高一些，开学前家访时给我的感觉就是这个孩子一定很懂事，自理能力也会很强。开学了，关关来到幼儿园没有和小朋友一起玩，自我介绍时她也不说话，问她的名字，她也只是看着你，脸上没有什么表情，身体也没有任何动作。时间一天一天过去了，开学已经一个月了，但关关都没有与老师和小朋友有语言及肢体上的沟通。这样的情况我非常着急，不能让关关每天总在自己的世界里呀。于是我主动和关关进行沟通，我向她走过去，当时她正在做游戏——玩一个小拼图。我想拉着她的手跟她更亲近一些，想要告诉她我是谁，结果她把我的手一下就挣开了，并且大叫着："你别碰我，你别碰我。"除了这句，再也没跟我说其他话，既没有哭，也没有闹，只是又继续玩她的游戏去了。

我发现直接跟她说话，她是不接受的。我明白尊重个性是建立任何关系的关键，给予孩子自己的空间是对他们应有的尊重。关关现阶段不喜欢与人交流，而是喜欢一个人待着，我对此表示尊重，决定耐心等待。过几天我发现她很喜欢在图书区看书和在益智区玩拼图。于是在她看书的时候，我也拿着书在她旁边，一边看着她，一边读我书里的故事。慢慢地，她开始坐在旁边听我讲故事，和我看同一本书。我尝试跟她介绍自己："你好，你的名字是关关吗？我是咱们班的林老师。"她看着我不说话，只是问我刚才书里的故事："这个小白兔，小白兔刚才干什么了？"她不回应我的话，于是简单的对话就结束了。

又过了一段时间，关关不说话的情况还是没有得到改善，这个问题让我们老师都很头疼，我们决定先和家长进行沟通，对关关的情况进行了解。通过沟通发现，关关在家里其实是很爱说话的，尤其是很喜欢唱歌和跳舞，于是在班里表演区进行游戏的时候，我就主动带着她当小观众，观看其他小朋友的表演。她在观看的时候也会跟着小朋友一起做动作，一起哼着歌，融入游戏中。在小班期间，我们发现关关有非常严重的感统失调的问题，动作发展及思维发展都较其他小朋友弱些，因此我们也建议关关的家长带关关去做感统训练，在共同努力下，关关有了变化。

到了中班开学，一天午睡到了要起床的时间。班里响起了《虫儿飞》的音乐，她听到音乐之后，唱起了："虫儿飞，虫儿飞，虫儿飞，虫儿飞……"一直反复唱着这一句。我问道："关关，你唱的这是什么歌呀？"她看着我："你不知道这是起床时候的音乐吗？"然后我们俩就通过这首歌聊了起来。通过聊天我发现关关不仅非常喜欢表演，还喜欢画画，在家里她经常画米老鼠，还有动画片里的一些其他人物。了解到关关的爱好，除了表演我们又多了一个引导关关的切入口，在美术活动和美工区游戏的时候，我们也会带着关关一起游戏。在画画的时候，我观察到关关总能几笔就把一个人物或者是小动物的特点画出来，她的作品也经常被展示。所以关关现在除了喜欢在表演区做游戏，也非常喜欢在美工区画画。小朋友们很喜欢关关的画，也会问她："你画的是什么呀？""你能给我画一张吗？"慢慢地，关关的朋友也多了起来，原来只是自己画、自己玩，如今是和小朋友们一起画、一起玩。

　　对每一个孩子倾听、理解，温柔地引导，会在孩子的内心建立安全感，并且可以建立起紧密的联结，在这样的联结下，关关的话也逐渐多了起来，总是会问老师："老师，这个是什么？""老师，那个是什么？"还会问我："这个小朋友，她叫什么？""甜甜是谁？"她有了交朋友的兴趣和欲望。老师们也帮助她创造了沟通和交流的机会，慢慢地关关和班里的小朋友都熟悉起来。

爱就爱每一个

朱旭华

每一个孩子都应该被爱和受到尊重。因为工作的原因，我接触到各种各样的孩子，其中又有一些特殊的、需要我们用更多的爱去关注的孩子。今天我要说的是这些特殊孩子里的一位，他是一名患有多动症的孩子，他的名字叫然然。

然然是在中班的时候插入我带的班里的，在他进入我的班之前，他的家长并不知道然然有这样的情况。刚到幼儿园后，在集体教育活动时，然然喜欢看着窗外，不跟别的小朋友在一起，当老师建议他跟别的小朋友在一起时，他虽然接受了，但会表现得比较抗拒，一会儿跟小朋友在一起，一会儿又分开。起初我们认为他只是对新环境不适应，并没有看作是特殊的表现。直到有一次亲子活动，家长和孩子们一起去做游戏，然然的表现就和其他小朋友有明显差异。做手工活动时，其他小朋友和爸爸妈妈在安静地制作，而然然则在满场乱跑，发出"嗯嗯啊啊"的叫声，当他爸爸去拉他手的时候他会使劲地挣扎。

针对这样的情况，也结合他在幼儿园的表现，我们跟然然的家长有了一次正式的沟通，发现其实家长也意识到了他和其他小朋友的差异。之后然然家长带他去了医院做检查，检查结果为注意力缺陷多动障碍，即多动症。获知这个结果，家长非常焦急，问我们该怎么办。我们先安抚了然然家长的情绪，建议一起想办法，同时也配合医院的治疗。在幼儿园里我们发现，虽然然然有多动症，但是他也有很多的优点。例如,他非常爱唱歌而且唱得特别好听;他特别爱帮助别人,当我请小朋友把椅子摆成吃饭的样子的时候,然然会主动快速地行动。每个孩子都有自己的偏好和才能,他们都需要被尊重。当我们发现一个孩子的天赋时,我们应该给他充分的机会去完全地发展。针对然然这些才能,在音乐活动时,有唱歌的机会,我们就会请然然到台上去唱歌,同时增加他与小朋友接触的机会;然然爱帮助小朋友,我们也会多给他机会去帮助别人,根据他的表现当众给予具体性的表扬,这样也让其他小朋友更了解然然,更愿意亲近然然。慢慢地然然愿意去融入集体,虽然还是会乱跑乱跳,但是和大家在一起相处的时间越来越长。

然然与他人的交流也有了进步,之前他从来不主动和老师及小朋友交流。有一次我的手裂了一个口子,然然坐在我旁边看到了,问我:"老师,您的手怎么了?"我说:"冬天太冷了,水接触多了手就裂口了。"听完他没有说话,转身去拿油,手上搽了一点儿给我抹上,说:"多抹油。"虽然只是这样一句简单的话,连主语都没有,但是我却觉得然然成长了。之后我把这件事告诉了然然的爸爸妈妈,他们都非常欣慰。如今然然上一年级了,根据然然爸爸妈妈的反馈,然然不会再乱跑动了,虽然注意力的集中性和稳定性还要继续加强,但较之前已经有了很大进步。

陶行知先生说:"真的教育是心心相印的活动,唯独从心里发出来的,才能打到心的深处。"爱,是教育之根,每一个孩子都应该被爱,都值得被爱。给每一个孩子机会,根据他们参与的意愿程度,给他们提供选择,让每一个孩子可以有同样的学习机会,这才是一场关于生命、关于美丽的教育。

以信任换信任

耿京金

有一天，一个小朋友跟我说："老师，我的一个东西丢了。"丢的东西是糖果，之前小朋友把它放在柜子里。我当时没有多想，跟他说："你去翻翻你的包，或者是不是你放在别处了。"因为我没有想过会是班里的其他小朋友拿的，之后事情就暂时这样过去了。到了中午睡觉的时候，多多说："老师，我想去小便。"多多去了之后过了好久都没有回，而我听到了一些翻柜子的声音，但我也没有多想，只想着多多去了这么久，要赶快回来，千万别冻着了。等了一会儿，多多回来了，我也没觉得有什么不对。

下午的时候，又有几个小朋友跟我说："老师，我的糖果没有了。"我安慰小朋友们说："糖果没有了，是不是糖果在玩捉迷藏，它怕你们的牙不好，所以跑丢了呢？如果下次老师有糖果，老师再给你们分享。"同时我也鼓励小朋友之间相互找找。但是我心里却在琢磨，我中午听到了开关柜门的声音，会不会跟多多有关系呢？虽然这么想，但我也不能直接就认定是多多。在快晚离园时，给多多整理衣服，发现多多衣服的兜鼓鼓的，动的时候还能听到糖纸的声音，而早来园时衣服兜一般是空的。

在晚离园时，我跟家长沟通了这件事，多多妈妈告诉我，多多特别喜欢吃糖，但也因此导致牙不好，之前就查出来了八九颗坏牙，因此他们杜绝多多吃糖，也杜绝别人给他糖果。我表示理解，但我也帮助多多妈妈做了分析，认为我们更应该思考保护牙齿的方法，牙齿坏的原因不一定是糖果导致的。但我们因此一味阻止孩子，导致孩子躲避成人，自己想办法去得到想要的，而这些办法有可能是一些不好的，反而会对孩子造成不良影响。多多妈妈同意这个观点，说多多在家里也会偷偷吃糖。但同时，高学历的多多妈妈却并不能接受多多这样的行为。我给多多妈妈做了开导并提了建议：我们并不能直接把多多这样的行为定义为"偷"，多多这么小的年纪，他也并不懂得什么是"偷"以及会有什么样的后果。他只是想要获得自己想要的，我们需要去理解他，也需要告诉他这种行为是不对的。我们可以告诉多多为什么要少吃糖，他可以吃什么类型的糖，吃糖的数量，吃糖的时间，吃糖后的习惯。同时我们也可以借此引导多多的行为方式，增强亲子间的沟通。多多妈妈接受了我的建议，也反思了自己的行为，认为不应该一味地去管着孩子，也非常感谢我对这次事情的处理方式。

之后我也跟多多进行了沟通，通过共情的方式，把相同的情景迁移到他身上，让他设想如果他喜欢的东西被拿走了，他会是什么心情，让多多明白每个人对各自的物品都有所有权，我们需要经得他人同意才可以拿取，以及他这样做会有什么样的后果。经历这件事后，多多开始对我有了一种不一样的信任。在我带班或开展活动的时候，多多会格外地配合，在活动中，他会特别认真、特别努力，也会带领别的小朋友。或许他希望在我心中留下一个好的形象，也有可能他不想辜负我对他的信任。

多多的信任，让我感觉很欣慰。虽然错误让人感觉不好，但不需要去惩罚或谴责犯错误的人，只需要把它当作教学的机会。当孩子犯了错误，他就需要学习如何去改正。我们人生中许多的教训正是通过犯错误而得到的。作为一名教师，我们需要帮助孩子去面对自己的错误，承担责任，并让他们做出积极的决定。这样孩子不会再逃避，并会开始主动去解决问题。

给老师拿拖把

崔紫怡

"孩子们，别忘了抹脸油。"在户外活动开始之前的过渡环节，我提醒着孩子们抹脸油，做好安全防护准备，免得被干燥的天气吹裂了脸。

"别忘了喝水。"我一边喝水，一边提醒着孩子们喝水、上厕所，然后顺手把我的水杯放在柜子上，检查孩子们是否都准备好了。

"呀！老师，水洒了。"我回头一看，不知是谁把柜门撞了一下，水杯歪了，水顺着柜子倾斜洒在地上，顿时，地上湿漉漉一片。"有没有烫到？"我的注意力都在孩子们有没有被水烫到，根本就没有注意到地上明显的水迹。我把距离水杯近的孩子都检查一遍，发现他们没有被烫到，我才放下心来。

忽然间我觉得有人用胳膊碰了碰我，我抬头一看，看到平常十分内向、言语不多的小女孩萍萍睁着一双明亮的大眼睛看着我说："老师。"转而把她小手里面的拖把，举起来递给我，然后指了指地上。我当然明白她的意思，"水洒了，我给您拿拖把，您来处理一下，清理水迹。"

这件事给我的印象很深刻，此后，我特别留意起了萍萍，我发现她各方面都挺好，就是太内向、太安静，以至于显得有些不合群。作为她的老师，我是开朗外向的人，我也希望她能和其他小朋友打成一片，不要总是自己默默地玩，这样肯定不利于她今后的发展。通过和她妈妈谈话，我发现她妈妈十分健谈，说起话来头头是道，对于女儿为什么不爱说话，她也弄不清楚，最后给了我一个模棱两可的答案："她哥哥爱说话，可能话都让哥哥说了。"对于萍萍妈妈玩笑似的答案，我表面上一笑了之，内心里却暗暗下定决心，我一定要让萍萍变得开朗起来。

"萍萍，你有什么想法？老师想听听你的想法。"在课堂上，萍萍成了我每节课必点名的孩子。不管她举不举手，我总是有意无意地把赞许的目光投向她，鼓励她勇敢发言。第一次，她没有反应。第二次，她有些怯生生的，不敢大声说话。第三次，她说话清楚了。第四次，她不再害怕，说话时手舞足蹈……我也不知道经过多少次，她变得特别爱说话，有事没事总爱跑到我身边和我聊家常。"老师，昨天妈妈说我没有哥哥跳得高。"我正在给一个女孩子梳头发，从她断断续续的、含糊的语言里，我没太听清楚她说什么，但我从她皱巴巴的小脸和嘟起的小嘴看出她的不高兴。"那你就跟妈妈说，再跟哥哥比一次，不能因为你小，就老说你不如哥哥呀！"我摸摸她的脑袋，给她一个安慰的拥抱。过了两天，她又来找我了："老师，老师，我跟哥哥比了，我还是没有哥哥跳得高。"萍萍耷拉着脑袋，一脸的不高兴。"没关系，等萍萍长大了，咱就比过哥哥了。"慢慢地，萍萍成了我的跟屁虫，只要她在幼儿园里，总能听到她稚嫩的声音。

"老师，我今天穿新衣服了。"

"老师，你说我的衣服好不好？"

"老师，我的新鞋子好不好看？"

"老师，我妈妈带着我出去玩了。"

…………

萍萍给我的启发是，教师的教育应该是无形之中的教育，教育不仅一定要有目的性，也要求老师要对孩子有一个原本的认知。在原本认知的基础上，让孩子在策略引导、帮助、鼓励下，不断完善爱自己、爱别人、乐于分享、善于交流的心。比如萍萍拿拖把给我这件事，就说明这孩子细心、贴心，但她不善交流和表达，所以在她性格还没有养成时，要锻炼她的勇气和语言交流能力，我希望以后的她是活泼、聪明、健谈的全面发展的孩子。

第二章　鲜活的生命，独特的光彩

我们班的"大师兄"

刘思怡

幼儿园入学面试的时候，我看到一个小男孩手里提着一个棍子，不停地耍来耍去，我暗暗皱眉，这孩子一定是调皮捣蛋的家伙，可千万别分到我们班。天不遂人愿，我越是不希望他分到我们班，他偏偏就分到了我们班。

家访的时候，我们得知，他是父母老来得子的心肝宝贝，父母对他溺爱得不得了。我们和他父母谈话时，他开始跳桌子、翻凳子、踩沙发，一刻不闲。"这个'小坏蛋'，太调皮了，老师你们以后帮我说说他。"她妈妈想要他安静下来，伸手拉他，他却像滑溜的鱼儿一样溜到另一个沙发上，在上面蹦蹦跳跳，她妈妈用充满溺爱的眼神看着他："太淘气了。"语气极其温柔。

在家里他是父母眼中的"小坏蛋"，来到幼儿园之后，就成了我行我素的"小魔王"。"老师，小熊推我。""老师，他又不排队。"我拉住不排队、横冲直撞的小熊，拉到最后面："小熊，你看小伙伴都排队呢，你也排队好不好？"小熊心不甘情不愿地瞪了我一眼，不以为然地撇撇嘴。忽然，他发出一声尖叫，然后得意地看着我，用来发泄对我的不满。

我看到了他眼底的愤怒，我笑了笑，想起他特别喜欢玩小棍子。"你喜欢孙悟空吗？"我问。他的脸色缓和不少，肯定地点点头。"那你知道孙悟空有个棍子吗？"他又点点头。"你愿不愿做我们班的'大师兄'？""我愿意，我

57

最喜欢孙悟空。"他兴奋地大叫，眼睛里晶光闪闪，充满了期望的神采。"孙悟空是最有纪律的，你都是'大师兄'了，一定要排队啊，否则小朋友笑话你，你就不是'大师兄'啦！"我趁机提出要求。小熊抬头看了看我，没有说话，也没有尖叫，过了好一会，朝我点点头，乖乖地自动走到后面排队。洗漱完后，我领着他们上课外活动，小熊就又兴奋得忘乎所以了，组织八九个男孩子，用头顶我，我笑着说："你是'大师兄'啊，'大师兄'怎么可以打人呢？你还想不想做'大师兄'啦！""我是'大师兄'。"小熊干脆地回答，然后默默地带领着一群小朋友走开了。此后，"大师兄"好像成了小熊头顶的"紧箍咒"，然而在小熊的心里，"紧箍咒"不是束缚他的枷锁，而是一种荣耀的象征。

"你为什么那么喜欢做'大师兄'？"我忍不住问他。"'大师兄'是最厉害的，他能降妖除魔，我做了'大师兄'，我就是最厉害的人了。"小熊得意扬扬地说。"你不吃饭，怎么是最厉害的人？'大师兄'可是不挑食的。"我趁机把饭菜推到他跟前，循循善诱开导他。小熊歪头看了看我，又看看其他吃得正香的小朋友，问我："老师，你喜不喜欢我？""喜欢，你是'大师兄'啊，老师当然喜欢你。"我笑着说。小熊显然十分高兴，眼睛里发出闪亮的光，不等我催促，端起小碗大口大口地吃了起来，吃完饭后，还把碗底给我看，眉毛一挑一挑的，似乎在说，"我吃完了"。"真棒，'大师兄'，小朋友应该向你学习。"我冲着他和蔼一笑，竖起大拇指。

几年的幼儿教育生涯，让我感受到了孩子的天真、单纯。对于孩子来说，他们需要的不多，哪怕一句鼓励安慰的话，一个肯定的眼神，都足以让他们兴高采烈。其实，和孩子们相处还要讲究方法，尤其和调皮的孩子交流时，一定要找到他们的兴趣爱好，只有从他们的兴趣出发，才能真正走进他们的内心，成为他们真正的朋友。小熊就是我的一个特别的朋友，"大师兄"是我们彼此了解的基础，也是增进我们师生关系、友谊的纽带和桥梁。

第二章　鲜活的生命，独特的光彩

什么青菜都爱吃

王玉茜　马　颖

"甜甜，你来跟老师说你为什么不吃青菜？"有一天，甜甜奶奶拉着甜甜来办公室找我，让甜甜跟我说她不吃青菜的原因。

"我，我对青菜过敏。"甜甜红着脸，支支吾吾了好半天才说出口。

"对青菜过敏啊！那咱们以后不吃了。"我发现我说出这句话后，甜甜特别高兴，羞涩、紧缩的脸蛋一下子舒展了。送走她和她奶奶后，我私下打听了她的生活习惯，她上幼儿园一年多，没有青菜过敏的情况，只不过她特别挑食，凡是带绿叶的菜都不吃。之所以说谎，一定是被我逼得紧了，因为每到饭点，我都给她盛一碗青菜，她一定是想通过说谎来规避吃青菜的"苦刑"。

我知道凡是不吃青菜的孩子都有大便不畅的通病。甜甜就是有大便不畅的情况，她父母对此很着急，却无计可施。一让她吃青菜她就哭，哭得父母只好妥协，但她的大便问题却成了她爸爸妈妈最关心的事，他们每天来幼儿园接甜甜，最常出现的话是：

"老师，甜甜大便了吗？"

"哎呀！她在家也没有。"

"已经三天了。"

她爸爸妈妈的焦虑我看在眼里，虽然她的家长纵容她不吃青菜，但我却不

59

想放弃她。每天吃饭的时候，我会给甜甜盛一点青菜，想方设法劝她："甜甜，咱们吃一点，就吃一点好不好？"甜甜摇摇头，嘴巴闭得紧紧的，唯恐我把青菜放在她嘴里。等到实在躲不掉了，她就用手捂着嘴说："青菜有味，我不喜欢那个味道。"她总说青菜有味，我却不知道青菜有什么味，我只知道每到饭点，让她吃青菜成了我和她斗智斗勇的难题，我用尽了一切可用的办法，却一次都没有成功过，她说什么都不肯尝试一下，青菜成了她舌尖上的禁区。

强攻不成，唯有智取。我利用她大便困难做攻破点，告诉她说："青菜是润滑油，你只要吃一点点，你大便的时候就不会痛苦了。"甜甜将信将疑地看看我，又看看面前的青菜，磨叽了好半天，终于张开了嘴巴，勉为其难地吃了一点点。凑巧的是，那天下午，她大便的时候果然顺畅了许多。

从此吃青菜有助于大便，成了甜甜心中的金科玉律，每到我问吃青菜有什好处时，甜甜总会积极地举手，几乎是毫不犹豫地说："吃青菜，好大便。"此言一出，满堂孩子哄笑，这时候甜甜小脸一沉，认真、执着地说："是真的，我就是这样的。"

"甜甜，你喜欢吃什么青菜呢？"我问，想要考考甜甜对青菜的认识。

"胡萝卜、小白菜、土豆、茄子、豆角、菠菜……"甜甜罗列了一大堆青菜的名字。

"你最喜欢吃什么青菜？"我继续问。

"我什么青菜都爱吃。因为吃青菜，好大便。"这句话刻在她的脑子里，随时随地，她都要说一下。自然，又少不了一场大笑。

在甜甜的带领和讲解下，我们班不爱吃青菜的小朋友也爱上了吃青菜，每到饭点，总能听到甜甜热情的招呼声：

"老师，多给我盛一点。"

"老师，给她盛一点。"

"老师，我不挑食，我什么都要。"

"这个菜太少了，不够我吃的。"

"那个，那个我也要。"

甜甜的眼睛盯着盛饭的老师，飞快地把盆里的青菜扫视一遍，等她离开盛饭区的时候，碗里装满了青菜，她也成为我们班最爱吃青菜的小朋友。

甜甜是我带过的众多孩子里面变化最明显的，她的成长经历让我深切体会到实际操作重于理论说教。让孩子接受的最好办法，就是要让他们亲身体验，只有他们亲身体验到好处，心理上才更容易接受，否则任你说得天花乱坠也无用。有的时候孩子出现了一些问题，类似于挑食，一定有她自己的原因，但更重要的是家里的原因，有的家长宠爱孩子；但是，身为老师，一定得在疼爱的基础上加以引导，把握好疼爱的尺度，对于孩子的某些缺点，既不可放任不管，又不能强硬改变，采取恰当的方法才能取得事半功倍的效果。同样，孩子的工作要做，家长的工作也不能忽视，家园共育，才是孩子健康成长的摇篮。

她不吃饭，怎么办？

赵宇佳

挑食的孩子我见过很多，他们有的不吃青菜，有的不吃米饭，有的不吃面饼……但是像娜娜这样的，我还是第一次遇到。她来幼儿园有段日子了，却从未吃过一口幼儿园的饭菜。曾有老师调侃道："这孩子，真省粮食。"

说归说，玩笑归玩笑，问题总是要解决的。看着她每天喝几瓶娃哈哈酸奶，吃几块小饼干，把零食当饭吃，我颇为担忧她的身体。

为了了解她视零食为"命"的原因，我和她的家长进行了沟通，据她的爷爷奶奶介绍，她的爸爸妈妈是十分忙碌的上班族，没有时间管她。娜娜从出生起就由他们老两口带，他们老两口身体不好，做饭不规律，孩子也没有形成吃饭的观念感。娜娜的家里堆满了各种各样的零食，逐渐养成了孩子吃零食的习惯。

在了解完娜娜的成长环境后，我反而比之前更加惊愕了，情况比我想象的还要糟糕。是家庭、大人的原因造成她不好好吃饭。那么，让她回归正常饮食，必须依靠家庭、教师的共同努力才能做到，我告诫她爷爷奶奶，让孩子长期吃零食是不利于身体的成长发育的，必须让她吃主食，慢慢戒掉零食的"瘾"。

幼儿园方面，我们采用积少成多的方法，每到饭点，就给她盛一点点饭菜，鼓励她吃饭，各种招式都使上了，她还是不为所动，吵吵着要零食，否则就大

第二章　鲜活的生命，独特的光彩

哭不止。最后，我们想到小孩子都喜欢玩过家家的游戏，就劝她去玩游戏，让她在游戏中体验做饭的乐趣。"娜娜，今天扮演客人好不好？"我哄着她，想要眼泪汪汪的她参与到孩子们的游戏里。一开始，她对陌生的环境存在着胆怯心理，无论我怎么劝，她站在地板上的脚就像是钉在地上似的拔都拔不出来。渐渐地，她看到孩子们玩得兴高采烈，她有点心动，用想参与又不敢靠近的眼神看了看我，我迅速捕捉到她的需求，让一个大胆、热情的女孩安安领着她一起扮演客人。门铃"叮叮"响了，一个扮演主人的男孩子开门把她们迎进客厅，给他们端茶倒水，热情地请他们品尝道具菜。"饭菜真香，你是怎么做的？"安安问，同时假装吃了一口。"我加了盐、糖、酱油。"小男孩手舞足蹈地说。他见娜娜不吃，有点不高兴了："我妈妈说，到人家做客不能不吃，你得吃一点。"娜娜茫然地看看他，又茫然地看看"假菜"，伸出舌头要舔，安安一把拉住她："我们玩游戏呢，这是假的，你闻一闻就好了。"安安吸吸鼻子做示范，她也学着安安的样子，吸吸鼻子闻饭菜的香气。接下来的几天，我都让安安带着她和小朋友一起玩过家家，也许是孩子们的行为潜移默化影响了她，她看到别人坐到饭桌旁，她也愿意坐下；看着其他小朋友吃饭，她愿意吃一点，虽然吃得不多，但对我们来说，这已经是她巨大的进步了。

我意识到要想让娜娜养成吃饭的好习惯，光靠幼儿园的几次游戏是不行的，还需要家长有意识地引导。每次她奶奶来接她时，我总会在她奶奶耳朵旁唠叨几句，"让她帮着你们做饭，多看看。"经过我一段时间善意的提醒，娜娜开始学会和小朋友聊家常了。有一天她得意地说："我会包饺子了，我包了大大的一个饺子。"她两手比划着，说得好大声，唯恐别人听不见。

孩子对事物的喜好与拒绝一定是有原因的，也许是自己的原因，也许是家庭的原因，而娜娜不吃饭菜、吃零食的习惯则是家庭原因造成的。如果想要孩子改掉不好的习惯，既要从他们的角度出发，为他们营造出仪式感、氛围感，又要充分发挥家长的力量，引导家长为孩子规划、安排正确的生活方式。

他怎么又演口袋?

许馨瑶

"唉!他怎么又演口袋?"

我看到一个孩子张开双臂假装成口袋罩了一下走来的"母鸡",然后飞快地跑下舞台,坐在小角落里的小板凳上津津有味地看小伙伴的表演。台上表演的是我们班孩子排练的"母鸡罗丝去散步"的节目,角色是孩子们根据兴趣选择的,大多数的孩子都希望演主角"母鸡",即便演不了主角,也会选择一些投机取巧的角色,像是飞来飞去的蜜蜂、转来转去的蝴蝶等。只有硕硕,经常挑选没有台词、出现镜头极其少的口袋,这好像是他第四次出演口袋了吧!

我眼中的硕硕是一个聪明、和顺、乐于助人的好孩子,以他的能力他完全可以担任"母鸡"等主要角色。我悄悄走到他身边,轻轻问:"为什么总演口袋?"硕硕抬头看了看我,脸一下子红了,害羞道:"我不想说台词,我怕我说不好。"我终于明白他总演口袋的原因,原来是不自信和害怕造成的。"怎么会呢?老师觉得你很棒,等会儿你也去演一下母鸡好不好?"他抬起头盯着我充满鼓励的眼睛,犹豫不决,渴望的眼神朝台上扫了几扫,最终也没敢上场表演。

此后几天我发现他总是一个人在美工区画画,我觉得奇怪,就跑过来问他:

"硕硕，你怎么不去建筑区玩啊？"硕硕正专心致志地画画，头也不抬地说："我妈妈说我画的花好看，我要多画几张送给她。"他看似无心的一句话，让我的心里泛起了涟漪，他内心里是渴望得到别人的认可、表扬的，愿意把好的一面展示给别人看，只是因为害怕而不敢展示。

我在了解硕硕的情况后，根据硕硕的兴趣因材施教，为他提供了一系列展示才艺的机会。我知道他喜欢搭积木，就专门开展了一次搭积木的课程，让硕硕示范给大家看，怎样才能搭建得最高。积木是他最擅长的东西，他做起来得心应手，像是变魔法似地摆出一个又一个造型，赢得了小伙伴们惊喜的目光和热烈的掌声。掌声感染到了硕硕，让他一整天都神采奕奕。后来，班级里选升旗手，需要举手表决，结果硕硕的票数是全班第一，我问孩子们选他的原因，孩子们七嘴八舌地说：

"他积木搭得好。"

"他待人好。"

"他和我一块玩。"

"他愿意让给我玩具。"

我真没想到硕硕在我们班居然有这么高的人气，这么有人缘。经过班级投票选举，硕硕好像感受到了小伙伴对他的喜爱、支持，渐渐变得有信心和胆量。他敢在集体面前公开表演了，尤其是当我和他说起体操比赛时，他竟然跃跃欲试，想要参加体育竞赛；后来在竞赛中取得了好名次，当他捧着证书给我看时，我看到他稚嫩的脸上全是掩不住的骄傲、自信，和从前那个说句话都会脸红的腼腆小子简直判若两人。再后来，看着他从幼儿园毕业变成小学生，之后再也没有见过，但从她妈妈喜悦、激动的聊天记录里，我知道他的人缘依旧一如往日地好，我还知道他在同学的支持、爱戴下担任了班长，俨然成了一个小领导。

现在回想起来，硕硕的经历好像是成长必然经历的过程，幼儿园是他们脱离父母进入小社会的第一步，他们的心理上肯定会缺乏安全感，再加上这个年龄段的孩子大多皆以自我为中心，受到了太多来自父母、家庭的宠爱、保护，不适应幼儿园的环境，出现害怕、不敢表现的心理是在所难免的。作为老师，我们要多理解孩子们的这种行为，积极找出症结之所在，竭尽所能地帮助他们建立温暖美丽的环境与自由和谐的人际关系，从而让他们走上自信、乐观的成长之路。

小雨又哭了

蒋华青

小朋友们都进入了甜蜜的梦乡,教室里、走廊里,四周静悄悄的,我的上、下眼睑困得直打架,忽然一阵哇哇大哭的尖锐声,响彻休息室。我猛地一激灵,弹了起来,就像被泼了一瓢冰水,一下子清醒了。那些熟睡、半睡的孩子也被她惊醒了,一个个挺着脖子直愣愣地看着她。"小雨,别哭,别哭。"我赶紧把她抱到外面,好一通安哄,可是我越哄,她哭得越厉害了,最后变成撕心裂肺的宣泄。这是她留在幼儿园午休的第一天,之后的一个月里,每天都如此。

小雨为什么要哭呢?恐怕还得从她入园的时候说起。

小雨是我们班的插班生,因为年龄小,行动不便,一开始她只在幼儿园待半天时间,她在幼儿园期间不跟其他小朋友玩,非要拉着我的衣服下摆她才有安全感,已经到了几乎是我走一步,她跟一步的地步,就连吃饭、睡觉、上厕所,她都要跟着。直到中午12点,她爸爸来接她,她才肯松开我的衣服,而我的衣服上也留下她手心里的汗液和皱巴巴的褶子。这种特殊的情况持续了一段时间,直到有一天,她变得和其他小朋友一样,她父母中午不来接她,她需要在幼儿园里度过一整天,她开始崩溃了,号啕大哭,悲伤的眼泪止都止不住。我挺能理解小雨的心思,幼儿园对于她而言是一个陌生的环境,她好不容易在陌生的地方度过了一个上午,好不容易要见到爸爸妈妈,要回家了,结果爸爸妈妈失约了，不来接她，她幼小的心灵里肯定是失衡、委屈的。要想改变小雨哭泣的现状，就得让她尽快熟悉、适应幼儿园生活。让她适应的第一步，就是让她明白中午回不了家，必须等到下午才能走。

我花了好长时间让她明白现状。开始的第一个星期，她几乎是天天拉住我站在幼儿园门口看，在看来看去都没有熟悉的背影出现后，她的眼泪就又"决堤"了。不过这时候的哭不再是撕心裂肺的号啕大哭，而变成了小小的呜咽。等她哭累了，她愿意让我抱着她回休息室，静静地坐在鞋柜上默默垂泪。第二个星期，她肯不脱鞋坐在床上，一个人默默看着熟睡的小朋友不说话。等到第三个星期，她肯穿拖鞋，但是不许老师脱她的衣服，在她眼里衣服就是她的"保护伞"，她不允许别人触碰。第四个星期，她能独立自主吃饭，不用我一口一口地喂，并且愿意躺在床上睡一会儿。

小雨的成长变化让我意识到只要努力就有收获。我的收获是小雨已经逐渐适应了幼儿园的生活。小雨的变化既得益于我和老师们不懈的关怀、引导，也得益于丽景幼儿园温暖、自由的大环境氛围下的包容。只要心中充满爱，就是再"不乖"的孩子也愿意和你亲近，爱是融化一切的调和剂，你为他们付出得越多，他们就对你笑得越灿烂。

第二章　鲜活的生命，独特的光彩

咱们做朋友吧！

蒋华青

我刚来幼儿园时，老师们跟我说园所里有一个全园"出名"的孩子，和他相处时一定得多费心。那时候的我对他充满了好奇，特别想知道这个全园出名的孩子究竟是什么样子，究竟是怎样的特殊，并没想到以后我会和他成为朋友。

很快，我的好奇心就得到了满足。

"哐当"一声响，一筐玩具被倒在地上，滚得满屋子都是。"源源，你干什么？"正在讲课的老师被杂乱的声音惊扰了，不得不停止授课回头看他。源源的脸上丝毫没有因为打扰课堂秩序而羞愧不安，相反的是他的眼睛充满了因为受到关注而沾沾自喜的得意之色。他果然特别啊！我暗暗地想，一边帮着老师把玩具捡起来，一边把他扶到座位上。老师继续被他中断的课，讲了没几分钟，又听到"哐当"一声巨响，玩具又摔得七零八落。这次，他"赢得"了一排排齐刷刷的震惊眼神的凝视，他却更加得意，笑得好生欢畅。

我眼见课堂秩序被他三番两次地搅和，进行不下去了，急忙把他拉出课堂，陪他在阅读室看书。没想到在课堂上调皮捣蛋的"小魔王"，在看书时却安静得像个瓷娃娃，一点响动都没有，只发出沙沙的翻书声。"源源，你喜欢我吗？"我悄悄坐到他旁边，盯着认真看书的他问。果然，听到我的声音后，他抬头看了看我，愣了一会，说："我对你还不了解，老师。"他的回答让我又惊喜又赞叹，好聪明的孩子啊！听他说话的语气、模式，哪里像是一个四五岁的孩子。"那咱们做朋友吧！成了朋友，你就了解我了。"他迟疑地点点头。从那天起，我和他成了朋友，不过，我心里明白，他并没有把我当成真正的朋友，我距离成为他心里的朋友还差了十万八千里。

后来，我发现源源性格强势，并且喜欢一个人玩玩具，只要小朋友一靠近他，他就以为有人要抢他的玩具，很容易和小朋友发生冲突，向我告状的人数逐渐增多，每天都能听到"老师，源源打我""源源抢我玩具"之类的话。我把他带到角落里，悄悄和他做了一个约定："只要你不动手打人，老师就奖励你一个小礼物。"并把我给他准备的小礼物给他看，源源显然对礼物很感兴趣，兴奋地点点头。"源源，咱们是朋友，这是咱们之间的小秘密，你可不能告诉别人。"源源笑了，拍着胸脯保证："我不告诉别人，我要礼物。"此后，源源动手打人的次数少了，为了得到礼物，他学会了克制自己的情绪。每次在他回家之前，他总先来我的办公室，欢快地冲我大喊："老师，我今天没打人。"我明白他的意思，笑着把提前准备好的小礼物送到他手里，并对他说一句："真棒。"这时候的源源会开心地哈哈大笑，但我知道他这个笑和从前故意弄乱课堂发出的笑声不同了，这个笑容是真诚、骄傲、发自内心的。

"小礼物"是拉近我和源源距离的纽带，但是让我们关系更进一步的是学校举行的马拉松比赛。源源有高热惊厥症，跑得太快容易晕倒。而他又不受控制，让他慢慢跑，他就非要快快跑。一开始，他跑得很快，慢慢地就跟不上速度，想要中途放弃。"源源，你看，小朋友都在跑呢。你要是不跑了，小朋友一定笑话你。来，老师拉着你。"我拉住他汗津津的小手，不停地给他加油打气，终于，他在我连拉带拽的鼓励下，跑完了全程。马拉松让他有了成就感、荣誉感，也让我走进他的心里，成为他真正的朋友。

不同的教育方式呈现不同的教育结果。孩子在不同的环境中成长，形成了不同的思维模式、生活习惯和个性特点，需要根据孩子的情况循序渐进地引导，走进他们的心理世界,找到他们愿意接受的办法,在保持孩子特性的基础上让他们朝着正确、规范的方向迈进。源源是一个特立独行、思想奇特的孩子,跟这样的孩子打交道,就得时时刻刻揣摩他的心思,理解他的想法,只有让他信服你,你才能赢得他的尊重。对于幼儿教育事业,现在我才刚刚起步,"路漫漫其修远兮,吾将上下而求索"才是我毕生的目标。

第三章
自由的探索，自主的学习

美国教育家赫钦斯说："什么是教育？教育就是帮助学生学会自己思考，做出独立的判断，并作为一个负责的公民参加工作。"英国教育家斯宾塞说："教育中应该尽量鼓励个人发展的过程，应该引导儿童自己进行探讨，自己去推论，给他们讲的应该尽量少些，而引导他们去发现的应该尽量多些。"近代教育家陶行知说："要解放孩子的头脑、双手、脚、空间、时间，使他们充分得到自由的生活，从自由的生活中得到真正的教育。"好的教育、真正的教育应该是如上所述。让孩子自由探索，自主学习，这也是新时代里所倡导的儿童观、教育观。在丽景幼儿园，这样的观念正在践行，或许还不够尽善尽美，但却一直在努力着。

咦！不一样的果子

刘思怡

今天我和孩子们外出一起摘了山楂和海棠果。回到班级，看着收获的果子，孩子们都眉开眼笑，享受着由自己劳动得来的丰硕成果。

正当大家还沉浸于兴奋中时，一个孩子说："这两个果子长得好像哦！"话音落下，几乎所有的孩子都拿起了果子开始观察。《幼儿园教育指导纲要（试行）》里指出："教师在教育过程中应成为幼儿学习活动的支持者、合作者、引导者……要善于发现幼儿感兴趣的事物和偶发事件中所隐含的教育价值，把握教育的时机，提供适当的引导。"这是一个不错的教育契机，我提出问题："是的，这两个果子长得很像，我们一起找一找它们有什么共同的地方吧！"孩子们开始认真寻找起来，通过观察发现山楂和海棠果的外形都是圆圆的，颜色都是红红的。

研究果子当然不是只了解到相似之处为止，我们需要深入探究下去。我继续提问："山楂和海棠果是两种果子，找找它们有什么不同的地方？"话刚落，孩子们就行动起来，润宝这时却做出了不一样的行为，他拿起放大镜仔仔细细地观察，能想到利用放大镜，或许是之前的经验给了他灵感。孩子们对果子的观察都兴致勃勃，发现一点就迫不及待地分享。有的说："山楂上面有点点，海棠果上没有。"有的说："我发现海棠果的'把'长，山楂的'把'短。"有的说："我发现山楂的下面有'胡子'，海棠果没有。"还有的孩子突发奇想把果子都咬了一口，立刻喊道："山楂酸死了，海棠果是甜的。"润宝也想尝试一番，拿起了一个山楂略显迟疑、小心翼翼地放入口中。果不其然，润宝的表情告诉我这枚山楂是酸的，验证了孩子们的说法。看了、尝了，山楂和海棠果的"心"里面我们也想看看，我们将山楂与海棠果切开，观察后发现山楂里面有籽，海棠果里面则有果核。

没想到小小的山楂与海棠果原来有这么多的小秘密，似乎真实、自然的材料才能吸引孩子，激发孩子强大的好奇心，使得他们自主、深入、专注地研究；他们去看、触摸、思考，从中获取信息，收获经验，提升认识，就是这样的循环，孩子们会慢慢体会，学到更多。他们细致的观察，坚持不懈的探究精神也非常值得赞许。当然这样的付出也会给予相应的回馈，当他们发现山楂和海棠果不同的时候，眼睛中所流露出的恍然大悟而又自信满溢的神情，就是他们收获的最大的快乐。

图书馆里的宣传员

崔 悦

读书，是一种提升自我的方式，正所谓"玉不琢，不成器，人不学，不知义"。读书是贯穿整个人生的事情，读书的习惯更是应从幼时开始培养。这学期为了提升孩子们的阅读兴趣，我们班里新增了图书馆。

图书馆里的规则，由大家商议共同制定，听起来颇有点意思。图书的借阅采用积分制，通过积分卡来借阅图书，每一个分值都有相对应的图书。如果想借阅 50 分的书，需要支付 50 分的积分；出现积分不够的情况，那么就要想办法去赚取积分。另外，图书馆人员管理架构更是参照真实图书馆管理模式，设有宣传员、登记员，还有"图书医生"帮助修补图书。

班里开起了图书馆，这件新鲜事一下子让班里热闹起来了，孩子们的积极性与潜力更是被充分激发。这不，踊跃的霖霖今天担任图书馆里的宣传员，我则以顾客的身份前来图书馆借阅书籍。一走进图书馆门口，霖霖就很热情地为我介绍了借书流程，告诉我 1 分可以借什么类别的书，10 分可以借什么类别的书，详细而有条理，这个宣传员还真不错。走进图书馆里，我四处看看瞧瞧，可是借什么书呢？霖霖好像有办法。霖霖给我推荐了一本书，并给我简单介绍了书的内容，叮嘱我说："这是一本游戏书，真的非常有意思，你可以拿回去看看，但是一定要记得还书。"我爽快地拿起霖霖为我推荐的书，准备拿着积分卡去找登记员填写借书单时，发现单子上前面写的借阅日期，有的孩子把"日"字都写成了"目"。我假装不经意地说："这个'日'好像跟我平时看到的'日'字不太一样。"这一句话引起了霖霖的注意，走过来认真地看了看，好像有了想法，说道："'日'字应该只有一个横线。"我夸奖道："你观察得真仔细。"在借书单上我也格外认真，一笔一画地写上了一个正确的"日"字。

再一次去借书，我故意用一张5分的积分卡去借一本1分的书，尽管我明白图书馆的规则是每次只能借一本书。

我问霖霖："我能不能用5分去借1分的书？"

霖霖说："可以，你把5分给我就行。"

我假装犹豫道："那我不是亏了？"

霖霖又有办法了，思路清晰地说："那要不然你去找陈老师把你的5分换成两个2分和一个1分，你拿着1分来借不就行了。"

我想了想："也行，不过陈老师现在在忙，你能不能给我找分啊？"

霖霖翻看装积分卡的小包说："好，那我看看能不能给你找开。"

《3~6岁儿童学习与发展指南》中对于数学认知提出建议："利用生活和游戏中的实际情境，引导幼儿理解'数'的概念"。霖霖在实际情境下自信大方，熟练地运用数字"5"的分解，这正是我们所乐于看到的。

最后，我拿到找回的4分和借的书，并夸赞了霖霖的服务态度，一次"故意为之"的借书就愉快地结束了。

你如何看待霖霖担任宣传员的表现呢？你会为他总能及时想到办法而赞叹吗？是的，我赞叹霖霖，为他热心的介绍、为他细心的观察，更为他解决问题的自信。总有办法的霖霖，让我感觉真好！

自己想一想

郝梦凡

润子小朋友从医院回来后,情绪变得有些低落,只是去了一趟医院,似乎就把幼儿园的事情都忘光光了。

"老师,椅子摆哪儿啊?"

"老师,卡子卡不上。"

软糯的声音在这一天里一直跟随着我,我始终保持耐心去引导她。

到放学前的游戏时间了,润子最喜欢玩的竹节棍玩具被别的小朋友们抢先一步选择了,她无奈地去询问是否可以加入,无果后求助于我:"老师,他们不带我玩儿。"

我看到那一筐玩具周围已经围了四五名小朋友了,顿时明白小朋友们拒绝她加入的原因了,却依旧装作惊讶地看着润子:"为什么呢?怎么会这样呢?你有没有再问问他们?"

润子摇了摇头。

我继续鼓励她:"你可以去问问,一定是有原因的。"

她点了点头,一小步一小步地走过去,每迈一次步子都要回头看看我。

为了让她可以独立去完成这个小任务,我并没有看向她,但眼睛的余光却自始至终关注着她。

没一会儿，她得到了答案："老师，脸妹说人太多了。"

我耸了耸肩："那怎么办呢？"

润子想了想："我觉得……我可以拿几根竹节棍去空的地方玩儿。"

我冲她眨了眨眼，无声地鼓励她。

她再次过去一趟，结果这次又回来了："老师，脸妹说不给我。"

这次我真的震惊了："为什么？为什么不给你？"

脸妹听到了我的声音，回头看了我一眼，我疑惑地看着她，然后脸妹又看到了润子，她一下子明白过来："我没说不给她，我问她要几根竹节棍，她说不知道。我就说让她想一想，我帮她拿。拿太多出去，等吃饭的时候就不好收了。"

我看了看润子："是这样的吗？"

润子点了点头："可我不知道拿多少。"

那声音带着浓浓的鼻音，不仔细听，都听不到她在说什么。

我建议道："那就先拿一些，不够再拿……"

润子想了想点点头说："那我就先拿十根，两根长的，然后拿六根短的，再拿两根特别短的。"

"哇哦，这样加一起就是十根吗？"

"是。我先拿十根，这十根刚好可以搭成一张床。"

一问一答中我竟然发现了润子的两个大"秘密"：一个是她竟然可以将数分解成三部分；另外一个就是她在平常游戏的时候，对细节的关注已经精确到几根长、几根短，甚至可以作出判断，构思可以搭建的物品！

为什么润子这么喜欢竹节棍？看来她对竹节棍已经注入了如此多的关注。原来给孩子自由探索的空间，提供可操作、简单的材料，孩子会去看、去触摸，然后去感觉、去想、去问，孩子们会专注地研究它，形成他们自己的理解。我们希望孩子能够获得自主解决问题的能力，这也是我们教育的目的。

建构区里的奇思妙想

蒋华青　卢桐竹

源源是一个爱动、闲不住的孩子，但特别有想法。最近我发现，每次选择活动区，源源都会和斌斌一起选择建构区，而且在建构区已经持续搭建两天了。

有一天，源源和斌斌仍然在建构区，他们延续上次搭建轨道的经验，将所有的管道依次拼接好组成轨道。为了增加趣味性，他们还选择了大型纸筒充当"隧道"，并以积木为支撑点。连接上两端管道，他们开始试验，然而这时问题出现了，由于管道处于同一高度，并没有坡度，因此小球并不能自己落下，于是为了让小球顺利过"隧道"，源源便一直用手助力小球使其钻出"隧道"。我问源源："为什么你要用手一直推？"他回道："因为小球需要有推行器才能走，如果是车的话就能自己走，但是这个小球本身没有什么动力，那我的手就可以当推行器。"我夸奖了他的做法。源源一直在用手推，但这样一直下去的结果是，轨道很容易因为受力不均而快速倒塌。

进行一次很好的探索与思考的契机来了，于是我再次介入，问源源："为什么轨道会倒呢？"

他说："因为它不稳。"

我再次问道："轨道为什么会不稳？"

他说："因为我老碰，有时候我一碰它就倒了。"

我问道:"那怎么办呢?"

他说:"那要不然我不碰了,让小球自己跑吧。对了,还可以在下面多加几根柱子,这样应该会结实点!"

我尝试引导道:"我建议你可以观察下轨道,想想通常情况下球掉落的过程。"边说的同时我也拿了一个球往下扔。在我的启发下,源源发现原来球不落下是轨道太平坦的缘故。

茅塞顿开的源源一下子就想到了办法:"这简单,我把开头垫高点,再把隧道的前段也加高,这样小球不就能滑下来了吗?"

我说:"那你再试试。"

果然,小球顺利地从"隧道"滑出,轨道和"隧道"也都安稳无事。但是新的问题又出现了,小球在进入弯道时,总是会偏离轨道。

这次我没有马上介入,只是默默地把长方形模板和塑料挡板放在一边。《3~6岁儿童学习与发展指南》中对于科学领域的教育指出:"幼儿的科学学习是在探究具体事物和解决实际问题中,尝试发现事物间的异同和联系的过程。幼儿在对自然事物的探究和运用数学解决实际生活问题的过程中,不仅获得丰富的感性经验,充分发展形象思维,而且初步尝试归类、排序、判断、推理,逐步发展逻辑思维能力,为其他领域的深入学习奠定基础。"基于此,我希望源源能够更多地去探索。

源源在尝试了两次后,发现问题依然存在,于是开始调整弯道,但球依然会跑出去。这时我观察到源源有些沮丧,甚至有想要放弃的倾向。我开始介入,请他冷静下来,我们确定好轨道本身不再有问题,引入另一个小实验:把球扔向一个物体后,球会改变方向。以此启发源源从中思考,鼓励他去大胆尝试。

果然,在经过一番尝试后,源源选择了长方形积木,并将其竖立在轨道旁,还在长方形积木旁利用其他积木将其固定。

最终,一个神奇的轨道诞生了!

雨的秘密

林 雪

连续几天的高温天气，让下午的户外活动变成了最头疼的事。为躲避炙热的阳光，孩子们都选择在阴凉的地方做游戏，可即便是这样，还是会有孩子在游戏的过程中跑过来和我说："老师，我热。"

这一天的天气预报显示有降雨，但不知道降雨的准确时间。下午三点左右，我们像往常一样带孩子们进行户外游戏，室外的温度不像往日那样酷热，我们带着孩子们在幼儿园后院阴凉的地方，围着圆圈做游戏。场地有限，也没有高强度的运动量，孩子们在游戏时都没有明显的出汗现象。游戏期间有风吹过，孩子们都说："好凉快呀！好凉快呀！"还有的孩子说："刮风了，我不热了，我都没有出汗。"

集体游戏时间结束，马上要进行分散游戏，突然天空中打了一个雷，天气也慢慢转为多云，周围都是暗暗的。有的孩子用手堵着耳朵说："要下雨了。"我问："你怎么知道要下雨了呢？"孩子们会有什么样的想法呢？堵着耳朵的孩子说："老师，你看，云变成黑色了，还在飞。"另一个孩子说："因为刚刚打雷了。"

天似乎很快就要下雨，户外游戏是否继续，我询问孩子们的意见："刚才小朋友都听到打雷的声音了,还有的小朋友说要下雨了。现在,我想问问小朋友,

第三章　自由的探索，自主的学习

你们想现在回教室里躲躲雨，还是先玩一会儿玩具，等下雨的时候，和老师一起马上回教室躲雨呢？""老师，我想先玩会儿玩具。""下雨我们就躲进房子里。"孩子们七嘴八舌地说着，都想先玩一会儿玩具。既然都有这样的意愿，我决定尊重。但为了安全，我和孩子们做了一个约定，当老师说"集合"的时候，所有的孩子，都要来到老师身边，用最快的速度回教室。

大约十分钟后，天上滴落小小的雨点，一个孩子和我说："雨落在我胳膊上了，下雨了。"我赶紧发出了"集合"的指令，孩子们都停止了正在进行的游戏，赶紧回到教室里躲雨。在回教室的途中，雨点突然变大，走在后面的几个孩子身上落了几个小雨滴。他们边跑边叫："好凉呀，我的衣服湿啦！""我的头上都是雨。"到教室后，雨越下越大，好几个孩子趴在栏杆上看雨，边看边聊天。

棒棒："刚才大雨点掉到我脸上了，吓我一跳。"

果果："雨怎么这么大声，太吵了，我不喜欢。"

大白："下雨才打雷呢，还打闪。"

艺烁："下雨就不能出去玩儿了。"

六六："我家里有雨鞋，可以踩水。"

我："六六说得非常好，虽然是下雨天，但是我们也可以出去玩，只要我们穿上雨鞋，撑上雨伞。"

莫凡："为什么会下雨？"

大白："因为雨想和我们做游戏。"

果果："因为大地渴了，想喝水。"

…………

好奇的孩子们打开了兴趣的阀门，调动以往的生活经验。他们有求知的渴望，把握住这个热点，我适时加入故事科普："为什么会下雨呢？其实呀，小雨点是从很远很远的地方过来的，它原来不叫小雨点，叫小水滴，住在小河里。

小水滴像小朋友们一样也想出去玩,于是请太阳公公帮忙,太阳公公把它们照得暖暖的,身体变轻了,就飞到了天空中,变成了'水蒸气'。飞得很高很高,在路上遇到了风爷爷,风爷爷吹得它们越来越冷,于是紧紧地抱在了一起,越抱越紧,越抱越多,就变成了天上的白云。风爷爷吹得它们在天上飘呀飘呀,越来越多的小伙伴抱在了一起,云彩越来越沉,都飞不动了,就变成小雨点掉了下来,掉到了操场上,小朋友的头上、胳膊上。"

艺烁:"小雨点在地上住,然后到天上住,下雨的时候又回地上住了。"

甜甜:"太阳一照就飞到天上去了。"

翔翔:"衣服上的水是不是也飞到天上去了。"

艺烁:"啊,那么多水都到天上了,太多了就下雨了。"

棒棒:"老师,我把水喝到肚子里了,太阳一照,我会不会飞到天上去?"

就这样聊着聊着,雨慢慢地变小了,六六从她的垫子上走过来,拍拍我的肩膀,手指着窗户说:"林老师你看,天晴了。"我问:"真的吗?你怎么知道的?"她走到窗台边看了看说:"太阳出来了,太阳带小水滴旅行去啦!"

晚饭结束后,孩子们收拾好小书包,排好队准备回家,走到操场上时,几个好奇的孩子都蹲在地上,双手摸着地,嘴里嘟囔着:"地都湿了。""地上都是水。"

我:"哪来的水呀?"

悦悦:"这是雨。"

我:"哦,原来下完雨,地上有雨水,摸起来就是湿的。"

小小的雨滴,开启了孩子们的思考,对大自然他们会给予更多关注,而大自然也会回馈他们更丰富的世界,激发孩子们自主探索、自主学习的热情和信心。

画一个滑梯

张立双　盛朝琪

在这个五光十色、纷繁复杂的世界，孩子不仅从外界汲取知识与经验，而且还想把头脑中丰富的物象表达出来，与外界交流。可由于孩子语言比较匮乏，他们只有通过一些自己能掌握的方式来表达自己的思维，美术活动便是其中的一种。于是，美术教学成为幼儿园中不可缺少的部分。

幼儿园里的孩子们大多喜欢美术活动，但文文是个例外。他是个安静内向的小男孩，无论是和老师还是和小朋友说话声音都很小。平时在区域游戏中他也很喜欢图书区、益智区这样的区域。但是他从来没有选择过美工区，每次画画的时候他从来不画，有时候甚至拿起笔就开始掉眼泪。

今天又一次开展美术活动，孩子们画滑滑梯。滑梯虽然熟悉，但是还得仔细观察，通过滑滑梯的照片，我们初步了解了滑梯的结构，并由此展开关于绘画步骤的讨论，讨论中孩子们各抒己见，角度新颖，做好了铺垫自然就开始自主绘画了。

这次我决定要帮助文文，去陪伴、引导他，或许他会愿意开始画画。我特意请文文来帮忙发笔和纸，拿到笔的孩子开始画自己的作品，我走到文文身后，看到他一手握着笔，一手拿着笔盖，一会儿低着头，一会儿抬头咬咬嘴唇，不一会儿就开始皱眉头了。我连忙蹲下来问："文文，你想画什么样的滑梯呀？"

文文见我来了,眼睛更红了,用很小的声音说:"螺旋的。"

我对他说:"张老师也想画一个滑梯,所以很想请你帮忙,你愿意帮我画一个滑梯吗?"文文点点头,没有说话。我继续问:"你看屏幕上的滑梯照片,直直的滑梯像什么形状啊?"他小声说:"长方形。"然后我在纸上画了一个长方形,告诉他我想象从这长长的滑梯滑下去一定特别好玩,希望文文也能感受到这样的乐趣,进一步激发他画画的兴趣。滑滑梯要滑起来,似乎上面缺个小朋友,他不知道怎么画,我示意他继续看看滑梯上的小朋友的样子,也可以用形状尝试画一画。就这样,我边鼓励边引导,从最基础的形状画起,文文终于完成了基本的滑梯轮廓。

《3~6岁儿童学习与发展指南》中指出:"应关注幼儿的感受,保护其自尊心和自信心。"如果我们给予孩子更多的耐心和时间,去深入了解孩子,孩子的积极性与主动性也会在这个过程中逐渐建立、培养起来。毕竟我们教育的最终目的,是要培养独立自主、终生学习、全面发展的人。

最大的拼图

任 颖 卢 杰

区域游戏时，佳佳选择了玩拼图的游戏，她兴奋地把 100 块拼图全拢到自己身边，兴致勃勃地一边拼，一边数："1、2、3……""你们看我拼的像什么？"佳佳指着拼盘里的十几个小点，炫耀似地大叫。

坐在她旁边的月月抬头看了一眼，笑着说："像一块草地。"

"不是草地，是兔子。"思思扭头瞟了一眼，大声说。

哈哈，哈哈，三个小朋友不约而同笑了。

接下来，三个小朋友各拼各的，彼此都不说话。佳佳拼了一会，就变得不耐烦了，小图块被她东一块、西一块乱填，歪歪扭扭，不成章法，显然她没有耐心拼下去了。

又过了一会儿，佳佳开始焦躁起来，对手中较为复杂的拼板有些失去耐心，懊恼、赌气地把拼图一丢，向我走过来说："老师，你能帮我拼一下吗？"我走过去，看到脚下被她摔得七零八落的拼图，对她说："佳佳，老师不能代替你拼，你自己的工作要你自己完成。"她一听，眉头立刻皱成了横断山脉，小嘴巴噘得老高，眼泪汪汪，一副要哭的模样。

她可怜兮兮、委屈的样子，让我心有不忍，一贯坚持让孩子自己动手的底线瞬间被冲垮了。算了吧！要不我替她拼一拼，反正对我而言就是举手之劳，帮她拼也费不了我什么事。我暗暗说服自己，千方百计地找帮她做的理由。可又一想，不行，我今天帮了她，明天呢？后天呢？我不可能永远都帮她，况且佳佳平时做事就有些马马虎虎，她似乎是缺乏耐心和自信，无论做什么事，似乎永远都只有三分钟的热度，热度一过，就撂挑子不干了，我不能让她养成专注力不够、做事不持久的习惯。今天的拼图一定要想方设法让她完成，只有让她亲自体会到自己动手带来的喜悦感，她才能有始有终。

"我坐在你边上看你完成得怎样。"我猜测出她可能觉得拼图太复杂，认为一个人拼有困难，有个人在身边指导，她内心会有安全感。想明白她的心思后，我见她不反对，就默默地坐在她身边。我见她已经拼出了大概轮廓，鼓励她说："呀，你真棒，都已经拼好这么多了，只差一点点，就完成了。加油，老师等着欣赏你的作品呢！"她抬头，用她那不自信又委屈的眼睛看了看我，我冲她温柔一笑。她一直皱着的小眉头舒展了，高兴地点点头，继续自己手中的工作。

时间一点点过去，佳佳的努力得到了回报，一个漂亮的图案完整地展现在我面前："你真棒。"我笑着对她竖起大拇指。佳佳得到了鼓励，兴趣一下高涨了，乐不可支地想要把自己的拼图和月月、思思拼完的那部分拼图合在一起。我觉得这是一个好办法，让他们放开手大胆尝试，佳佳一边说一边拼图："等我们的拼图合在一起，就是最大的了。"

"嗯，最大的，也是最好的。"另外两个小朋友异口同声回答。

探索是感到兴奋和享受满足的途径。我利用这一点，对坐不住的佳佳进行鼓励，她完全可以凭借自己的能力完成拼图游戏，只是她定力不够、专注力不集中，需要老师的关注，在关注的过程中，我给予及时的表扬与鼓励，激发了她的积极性，使她始终处于满足与兴奋中，从而完成了这个游戏。孩子半途而废很正常，但是如何提高她们的主观能动性，就成了老师在教学中思考的重点。鼓励固然是提升幼儿信心的办法，陪伴、支持同样也不能少，只要二者相辅相成，我相信没有什么困难是克服不了的。

霜降贴柿子

付海燕　郭亚珊

霜降节气前的一个星期，我给孩子们普及了霜降节气的知识，告诉他们霜降的时候需要吃柿子，吃柿子御寒，不会流鼻涕。

在霜降节气那天，在跟孩子们互动的时候，我提问："今天是星期四，我们要过什么节气啊！"

果果大声说："摘柿子！"

"果果记性真好！"我夸奖果果，然后又问："摘下柿子后，又要怎么样？"

"吃柿子。"果果大声地喊，经过果果一喊，全班孩子异口同声地跟着喊："吃柿子。"

"好，今天咱们也吃柿子，但是在吃柿子之前，咱们要先贴一个柿子。贴完了找我领柿子，好不好？"我把一盘柿子放在显眼的地方，故意让孩子们看到。我顺着他们目光看，见他们正眼巴巴地盯着柿子瞧："柿子是什么颜色的？"我趁机问。

"橙色的。"果果一马当先，跳起来兴奋地大喊。

"什么形状的？"

"圆的。"果果今天特别兴奋，想也不想脱口而出。

之后，其他孩子说柿子是椭圆形的，叶子是绿色的，一时间，议论纷纷。

开始制作撕纸画的时候，我发现果果特别专心，小手拿着纸条一小块一小块地撕下来，用小棉签抹一点胶水，轻轻沿着柿子轮廓一点一点地粘。自始至终，果果都低着头不说话，专心地做自己的事情。直到贴满了小柿子，她才抬起头，笑着说："我弄完了！"

"真棒！"我看着她的作品夸赞一番，然后奖励给她一个又大又红的柿子。她吃完柿子后，主动找我聊天："老师，你猜我怎么知道今天要吃柿子的？"果果的话引起了我的好奇心，我问："你是怎么知道的？""因为我家有好多柿子，我最喜欢吃柿子了。""原来是果果喜欢啊，怪不得果果做得又快又好。"我顺着她的话说，冲她满意、认可地笑了笑。"我一看见老师的柿子，我就想吃了，所以我才要做快点。"果果灿烂一笑，半眯着的眼睛露出天真、灵动的光芒，声音清脆悦耳，就像那多汁的柿子一样清甜。从果果的话语里，我感受到的是她发自内心的快乐。

人们常说，爱屋及乌，当一个人对某件东西感兴趣时，就会对与这件东西相关的事物感兴趣。果果就是这样的孩子，她喜欢吃柿子，连带着也喜欢画柿子、贴柿子。兴趣在她这里扮演一个老师、推动者的角色，而我只需要给她提供一个平台，让她自由发挥即可。兴趣虽然是天生的，但是后天的培养也不容忽视，我希望孩子们在我的关爱下，天天开心！

搭了一个坦克

耿京全　张晓飞

讲入中班后的孩子，对玩具着迷了，每天都期盼着活动区时间的到来，好过一过玩玩具的瘾。

最近，班里来了一个新玩具，孩子们对它爱不释手，纷纷给它起名字，有的叫它扭扭棒，有的称它旋转棒。

优优也特别喜欢玩扭扭棒，前几天，玩的人多，优优排不上队，只好眼巴巴地看着别人玩，好不容易等到没人玩了，优优决定自己动手尝试，开始摆弄起来。

他开始是按照玩具筐里的示意图搭建小房子，房子虽然简单，但没有步骤图，只有最后的成果图片。优优尝试了几次，都不太成功，不是歪了就是斜了，玩到最后，他有点泄气，把扭扭棒朝地上一放，就想拍屁股走人。

"优优，怎么了，怎么不玩了？"

"我玩不好，老师。我搭的屋子都是歪的。"优优垂头丧气地说，一脸的沮丧模样。

"来，老师帮你看看，看是哪里出了问题。"我拉着他的手，重新走到玩具区坐下。在看过他搭建的模型后，我发现了问题，指给他看："你看，你的地基没有搭牢固，你想想要是凳子缺了一条腿，会不会倒。""会。"优优几乎想都不想就斩钉截铁地点头。"那接下来怎么办呢？"我把问题抛给他，并用期待的眼神看着他。优优想了想，说："我把下面的搭牢固，让它不要歪。""怎么搭牢固呢？"我又问。优优这下子犯难了，支支吾吾好半天也说不出解决办法。我引导他："这个房子什么样？从哪个方向搭建更容易一些？"优优像发现新大陆一样，高兴地说："从下面搭，这样一层一层地制作不容易倒。""对啦！优优真聪明。"此言一出，优优的脸一下子红了，红脸蛋上挂着羞涩、明朗的笑。接着，优优摩拳擦掌、跃跃欲试起来。

优优拿着参考图片忙碌起来，时而看看参考图片，时而低头凝视，时而一层一层地排列。不一会儿他高兴地冲我喊："老师，我搭了一个大坦克。""啊，坦克，怎么成坦克了，你不是要搭房子的吗？"他的话有点出乎我的意料，我吃惊地看着他。"我发现搭坦克更容易，我就搭坦克了。"他兴高采烈地说，指着他心爱的作品给我介绍："这里是大炮，那里是轱辘和履带……"

看着他兴奋得发红的脸孔，我的脸也不自觉地沾染上了他的红光，也跟着红亮亮的。哈，对于扭扭棒，孩子们真是越来越有想法了！

优优通过一段时间的练习，已经逐步掌握架空、围合、垒高、平铺、重复等建构技能，使用抓、握、拧、捏、插等方面技巧，把积木等较大的材料拼搭成整齐、牢固的形状。优优从最开始的不会搭，到后期能按照计划来支配、调节搭建物体，这种想象力、创造力是值得肯定、表扬的，虽然我没有看到优优搭建的房子，但是我感受到了他的坦克带给我的欢喜，毕竟，房子可以处处有，坦克不是常常见的。这种"独享坦克"的感觉真好。

怎样让鸟窝不倒?

赵宇佳

区域活动时,格格玩着彩条木棍,她把木棍稳稳地拼高了,然后她问我:"老师,你觉得我搭的像什么?"

"是鸟窝吗?"我一眼看过去,得出结论。

格格兴奋地说:"我也觉得像鸟窝。"

"你想不想和我来个挑战?你看你搭得这么结实,如果我撤掉一根木棍,你觉得它会倒吗?""应该不会吧!"格格回答说。于是,我撤掉了一根木棍,"哗啦"一声响,鸟窝上掉了几个木棍。"呀,掉了。"格格吃惊极了。

我跟着又抽出两根小木棍,"哐当"一声,鸟窝塌了半边,紧跟着,另外半边鸟窝倾斜而下。"全倒了。"格格吃惊地张大了嘴巴,露出不相信的神情,眼睛里带着些许失望和落寞。

"格格,你知道鸟窝为什么会倒吗?"格格摇摇头,一脸的懵懂。"你的鸟窝倒了,你愿不愿意再搭建一次?这一次,老师告诉你原因。"我用商量的目光看着她,也许是格格迫切想找到怎样让鸟窝不倒的方法,也许她对搭建感兴趣,我一提出,她就很高兴地照做了。

第二次搭建,格格轻车熟路,不一会儿,她就搭建好了。这一次,我让格格亲自动手操作,格格小心翼翼地抽出一根小木棍:"咦,没有倒。"她兴奋地

93

大叫。"那我再试试。"格格又撤了一根木棍,鸟窝依旧没有倒,接着她胆子大了,接连抽走第三根、第四根小木棍,结果鸟窝还是稳如泰山似的,巍然不倒。

"为什么你的鸟窝没有倒呢?"

格格想了想,看着鸟窝,若有所思地说:"我刚才看了一下,不能撤最两边的,要支撑,可以撤里面的,就不会倒了。"说完,我们两个又开始挑战,最多可以撤掉几根呢?

这个游戏,需要孩子仔细地观察,不仅是垒高,还有拆卸,如何做到撤掉木棍鸟窝也不倒,这时候就要引导孩子仔细观察,哪些积木是可以拿掉的,拿掉也不倒,而哪些是不能拿的,只要一拿走,鸟窝就如同失去了支柱的大厦而倒下。好在,格格经过亲手实践,理解了其中的道理。通过此次试验,让我体会到教育孩子最好的办法是实践,教师说一百遍不如孩子亲手操作一遍。我相信,格格一定会把"怎样让鸟窝不倒?"的规律深刻记在脑海里,不管过多久,都不会轻易遗忘,因为那是她努力实践、探索得来的。亲身体验的东西,总比别人的说教记得更深刻。

拼个恐龙也挺好

赵宇佳　王　钰

区域活动时，昊昊一个人在玩磁力吸引游戏。

其他的孩子被昊昊搭建的建筑物吸引，纷纷跑来："昊昊，你拼的是什么？""我在拼汽车呢！"昊昊头也不抬地说。"啊，汽车，你拼得一点也不像汽车，倒像恐龙。"其中一个孩子不以为然地撇撇嘴。

"胡说,我明明拼的就是汽车。"昊昊有点生气了。"真的不像汽车嘛！要不，你过来看看嘛？"那个小朋友伸手招呼他。昊昊将信将疑地走过去,从远处看，真的不像汽车。昊昊失望地耷拉下脑袋，顿时，阳光灿烂的小脸上阴云密布。

"昊昊，怎么了？"看见昊昊一个人坐在小板凳上，垂头丧气的，我走过去关切地问他。"老师，他们嘲笑我，说我拼的不像汽车，像恐龙。"昊昊委屈地向我诉苦。

"像恐龙也挺好啊，你看，你的恐龙多有特点，他们都拼不出来！"我对着他的作品连连夸奖，温和地说。昊昊失落的眼神有了一点点喜色，固执地对我说："老师，我还是想拼汽车。"

"可以啊，老师也支持你拼汽车。可是，你现在已经拼成这样了，老师建议你继续做下去，也许会得到意想不到的惊喜呢？"昊昊想了想，似乎也没有想到什么好办法，便妥协了："那好吧！我继续拼，我改拼恐龙了。"

"你想拼什么恐龙呢?"我盯着皱眉深思的他问。

"翼龙,会飞的翼龙。"昊昊在拿定主意后,干脆地说。"那翅膀怎么拼呢?"我又问。这次昊昊没有回答我,默默地拿了一个大三角形拼翅膀,可怎么吸也吸不住。"大三角形太单薄了,你要找个支撑的东西。"听了我的话,昊昊找到一个小三角形,往里一拼,翅膀固定住了,昊昊开心地满屋子转圈,兴奋地大喊:"我的恐龙长翅膀了。"

"翼龙的脚呢,你打算用什么拼?"他欢乐的笑容因我突如其来的问题僵住了。"脚?"昊昊小声嘟囔,忽然一拍脑门,"我知道了菱形最适合拼脚,您

先别着急,我慢慢来。"接着,他火急火燎地开始找起菱形来,找了半天,也只有两个菱形了,只能拼一只脚。"那另一只怎么办呢?少一只脚,恐龙可没法走路。"我佯装忧愁地看他,等着他拿主意。他拿起恐龙思考了半天,开始着急地找起吸片,一边找,一边说:"我知道了,我知道了,我拿两个小三角形拼起来就是菱形,不就可以当脚了吗!"他把两个三角形拼在一起递给我看,眉毛得意地向上挑着,似乎在说:看,这就是菱形。"你怎么这么聪明啊,观察得真仔细,老师都没有想到这个好办法呢!"听了我的鼓励,昊昊又继续拼起了翼龙,不一会儿,翼龙就完成了。他骄傲地说:"现在看,拼个恐龙也挺好的。"

昊昊对于图形的组合和分解有一定的认识,知道两个三角形可以拼成一个菱形。在遇到困难时,他没有选择放弃,而是积极动脑筋思考,最终挑战成功,创造出了一件完美的作品,小小年纪就有如此想法,理应得到夸赞、表扬,但是他容易受别人影响而情绪化,尤其是在他渴望得到别人认可,却遭受打击时,容易产生消极思想。显然,这对他的成长是不利的。作为老师,需要做的是,鼓励他,支持他,让优秀的一面好上加好,同时让不足的一面日益改善。

幸福一家人

任 颖

今天在美工区安雅玩起了给小熊涂颜色的游戏。

"老师,你看我给小熊穿上了漂亮的衣服。"安雅拿起一张橙色的纸,在纸的中间画了两个小圆圈,然后用剪刀把这两个小圆圈剪了下来。"安雅,你剪下来的圆圈要做什么呢?"安雅说:"老师,我想给小熊做一双鞋子。"说完,安雅用胶棒把剪下来的圆圈贴在了小熊的脚上。被剪下来的纸放在了一边,我拿起来看了看,问安雅:"你只剪了一双鞋子,还剩下这么大一块纸,还可以做些什么呢?"安雅扫了一眼我手里的纸没有说话。"那你觉得它像什么呢?"安雅把纸平放在了桌子上:"我觉得有点像桌子。"

"那桌子上会有什么东西呢?"我提醒似地问。

"我家的桌子上有吃的。"安雅脱口而出。"那你可以把好吃的画在桌子上面。不过它总是动来动去的,该怎么办呢?"安雅想了想:"我用胶棒把它粘好。"说完,她新拿来了一张蓝色的纸和胶棒,并用胶棒把"桌子"固定在了纸上。

"那桌子的两边会放些什么?"安雅没有直接回答,她迅速拿笔在"桌子"的两边画了三把椅子,椅子上还画了三个人。我问她:"这是什么意思呢?"安雅说:"桌子旁边有三把椅子,然后我和爸爸、妈妈坐在椅子上正在吃饭。"安雅在"桌子"上的食物旁边画了两把小勺,然后把她画的小熊放在"桌子"上,向我介绍:"我家里有一个玩具熊,我经常抱着它吃饭,今天我不抱它了,我把它放在桌子上,和爸爸、妈妈一起吃饭,它和我是一家人。"安雅兴致勃勃的稚嫩软语,听得我心里暖暖的。看来,孩子心里已经有家的概念了,在她的意识里坐在一起就是一家人,小熊经常和她在一起,自然而然就是她的家人。

我看着她画完,觉得画面似乎少了点什么,询问:"你妈妈和你一般在哪里吃饭呢?"安雅眨巴眨巴眼睛,毫不犹豫地说:"客厅。"我说:"客厅的房顶上会有什么?"安雅说:"有灯。"紧跟着,她迅速在"屋顶"上画了灯,那画在纸上的灯光似乎一下子闪亮了,温柔地照着"桌子"上的"一家三口"和一只小熊。区域活动结束后,安雅高兴地和小朋友分享了自己当天的作品,告诉小朋友,哪个是爸爸,哪个是妈妈,哪个是自己,哪个是小熊,他们正在高兴地吃饭。

安雅平时就喜欢做手工、画画,她原本只想画一个小熊,后来在我的引导下,出乎意料地创造出了一幅有意思的生活场景。安雅的作品向我们诉说着家庭的和谐与美满,她的父母给予她爱和良好的教育。由此可见,家庭生活对孩子的重要性,生活处处有学问,生活处处也都能变成艺术。多让他们感受一点生活气息,学会独立认知,只有这样,他们的人生才不会孤独,未来无论在何处心中都能盛满温暖。

拼吊车

任 颖

今天在益智区的游戏中大俊选择了图形拼摆的玩具。拿到玩具后,大俊说:"老师,这个怎么按照图纸拼?我第一次玩这个玩具,有点不太明白。老师,你能和我一起拼吗?"

"可以呀!你先要选择一个你想拼的图案。"大俊翻了翻小书说:"老师,我想拼这个吊车。"他把书举得高高的,唯恐我看不见。"你可以先观察一下这个作品都用到了什么颜色。"我指了指书,提醒他看书观察。大俊仔细看了一遍作品后,回答:"有黑色、橙色、绿色和黄色。"之后,我问他作品中有哪几种几何图形,大俊数了数,朝我竖起三根手指:"方形、三角形、菱形,一共三种图形。"

"那你觉得可以怎样拼呢?可以先尝试一下。"大俊拿起来一个黑色方形随意放在了拼板上,我没有说话,他也没有问我,一时间空气仿佛凝固了。过了一会儿,我看到大俊拼完一个车轮,终于忍不住打破安静的气氛:"你看这里有一个拼好的车轮,可是这个车想再拼另外一个轮子就没有地方放了,这可怎么办呢?"大俊犹豫片刻,一脸的迷糊:"我还没有想到这个问题,再往旁边挪一下。"我说:"你可以数一数黑色旁边的橙色方形有几个,空的格子还够放第二个车轮吗?"大俊试了试说:"没有地方了。"我问他:"可以怎么做呢?"

他想了想，把第一个拼好的轮子拿起来往左边移了几个格子，然后继续拼。

两个轮子都拼好后，大俊又犯难了："老师，接下来要怎么办呢？"我轻轻一笑，看着小书说："你可以选择一个点，然后再观察图形和形状个数，取出来放好就可以了。"大俊照我说的，先取了橙色的方形排车身，第一次用的橙色方形不够多，车身不够长，大俊自己发现了这个问题，就又取了几个橙色方形，拼在车身两端，结果，车身太长了。"大俊，数一数，长宽各有几个方形？"我提醒他。大俊数清楚后，把多余的方形拆了下来。经过几次尝试，他掌握了方法，拼得更快、更顺了，不一会儿就拼完了。区域活动结束的时候，大俊向小朋友们展示了他的作品。

大俊在开始制作拼图时，没有目标，需要我的指导。等到后期，他掌握了方法，俨然成了拼图小能手。这说明孩子需要指引，同时也需要"放权"，教师一定要谨记，引导要掌握"度"，过度的引导就变成了干预；我不想干预孩子的积极性，想让他自己主动地参与到探究中来，并且敢于尝试与挑战，就算失败了，对他来说，也是一次愉快的体验。何况，大俊成功了。当看到他向小朋友"炫耀"时，我知道我的"放权"是值得的，我得到了想要的结果。

我们的房子

赵宇佳　张　倩

在建筑区活动时，乐乐和航航一起搭房子，搭着搭着，两个人发现自己的房子比别人的矮了好多。"老师，怎样搭建得更高呢？"我把他们带到示范图片前："你们看看，高的建筑有什么特点？"两个小朋友看了一会儿，乐乐率先开口了："需要好多好多积木。"接着，航航说："要一排一排地往上放，放的多了，房子就高了。"

他们的回答虽然不那么让我满意，但是他们能经过观察，说出自己的看法，已经让我刮目相看了。我拍拍手，鼓励说："既然你们发现了，就试试看，看

第三章 自由的探索，自主的学习

能不能搭得高一点。"

两个小朋友高兴地点点头，瞬间情绪高涨了，欢乐地找来好多积木。航航说"咱们分开搭吧！我搭房子。"乐乐说："那我搭马路。"两个人分好工，开始重新搭建。航航发现，原来的建筑之所以搭得不够高，是因为用了三角形积木搭房顶，尖尖的就没法再往上搭得更高了，于是他们撤掉了三角形积木。接下来问题又来了，没有圆墩怎么往上搭呢？他们走到了另一个建筑前仔细观察，发现长方形积木也可以当墩用，于是他们用长方形积木搭建了圆墩。搭了一层后，航航突然明白了接下来要怎么搭，他找了更长的长方形积木，努力搭建出造型，后来又用圆形积木搭更漂亮的高空楼层，就这样不断地尝试着，最后搭出了比自己还高的楼房。

航航跳着对我说："老师，我太高兴了，我从来没搭过这么高、这么漂亮的建筑，这回我知道了，积木竖着用能搭得更高。"一旁的乐乐早已搭建好马路，准备和航航一起装饰两个人共同搭建的建筑。

航航和乐乐能够合作共同游戏，体现了大班孩子的年龄特点。他们一开始没有明确的主题设计，不知道怎么才能搭建得更高，后来通过我引导他们观察积木示意图，激发了孩子搭建高层房子的兴趣。孩子们开始尝试用不同积木进行搭建，最后的房子由两个人共同完成搭建，于是他们共同体验了挑战搭建高层建筑的乐趣。

第四章
美丽的瞬间，永恒的感动

从善如登，从恶如崩。意思是学习美好的东西，就像登山一样不容易；学习不好的行为，就像山崩一样迅速。人总是有种难以克服的惰性，包括行动和道德上的惰性。人要舍恶从善，良好的行为品格就是内心的"防护堤"。因此，培养良好的行为品格对人的一生尤为重要。那么，如何培养良好的行为品格呢？古希腊哲学家柏拉图说："美具有引人向善的作用和力量。"我们应教育孩子通过周围世界的美、人际关系的美而看到精神的高尚、善良和诚实，并在自己身上确立美的品质。有句话这样说："播种一种行为，收获一种习惯；播种一种习惯，收获一种性格；播种一种性格，收获一种命运。"在丽景幼儿园，我们关注每一个孩子的习惯和品质的养成，在言行身教中播种良好的行为品格，希望孩子收获一个美丽人生。

讲礼貌的"淘气大王"

刘　琳　仝　菲

每个孩子都有独特的个性和才能。如果你留意，你会看到他们身上的不同个性。有的个性会使你对这个孩子有新的认识，并乐于提供机会，促进他的个性发展。

乐乐是个既非常活泼开朗，也很调皮好动的小男孩，已经五岁了。不管是在教室还是在操场你永远都能听到他的声音，不管做什么活动他永远都是最兴奋的那个小朋友，几乎有他在的地方都是最吵最"混乱"的。几乎每天都会有小朋友告他的状："老师，乐乐抢了我的玩具，还不还给我。""呜呜呜呜，老师，乐乐玩滑梯的时候把我推倒了。""老师，我们三个一起玩游戏，乐乐就给我们捣乱。""老师，乐乐又欺负别人。"每到这个时候，老师们只能暂时停止乐乐的游戏活动，让他搬一把椅子安静地坐会儿，或者批评他几句。这样的情况几乎每天都会上演，导致很多孩子都不愿意和他交朋友。因此，乐乐也成为班里让我头疼的一个孩子，一度因为他的淘气我十分恼火，甚至忽略去发现他的优点。

但是有一天发生的一件小事改变了我对乐乐的看法。那天上午孩子们喝完牛奶准备下楼做操，我看见乐乐一直动来动去，就叫他和我一起去扔垃圾，没想到一叫他，他反倒非常的开心，走到我身边主动拿起垃圾袋。我在前面走，他在后面跟着,这时候中二班的老师迎面走过来,我和老师点头微笑,没想到突然从耳后传来一句:"老师好。"是乐乐,我回头看着他憨憨地冲着中二班老师微笑,然后又害羞地看着我。我真是倍感惊讶,一直认为他是一个淘气的孩子,我行我素,不会在乎礼貌,这让我对他的态度有所转变。我赶紧摸摸他的头说:"乐乐,你真有礼貌,回头我要在小朋友们面前表扬你,让他们都向你学习。"乐乐不好意思地低下了头。后面我们又遇到了几位老师,乐乐都很有礼貌地和老师们打招呼,我感到很欣慰。回到班级,我主动把这件事情告诉了所有的孩子,并且表扬了乐乐,也希望其他孩子向乐乐学习做一个有礼貌的孩子。之后乐乐每次出去也都会主动和老师们打招呼,并带动了其他孩子,每一次我都会表扬他,现在乐乐是我们班里非常有礼貌的"淘气大王"。

古训说:"君子不失色于人,不失口于人。"意思是,有道德的人待人应该彬彬有礼,不能态度粗暴,也不能出言不逊。礼貌待人,是我们中华民族的优良传统,淘气的乐乐身上正是具有这种可贵的品质,并感染带动了其他人。乐乐的事也让我清醒地认识到,作为教师不能带着自己的偏好与偏见去回应孩子,我应该积极去看到孩子身上积极的东西,并需要时刻警醒。

垃圾桶里的馒头

杨红如　付晓彤

早上孩子们陆续吃完早饭，开始选择进区域里活动，这时我发现垃圾桶里有一个圆圆的小馒头。我回想起刚才果果举着手要添汤，手里捏着馒头没有吃，并且很快就送碗，应该是趁老师不注意偷偷扔了吧。

为避免因犯错误而受到惩罚，有的孩子往往会采取不诚实的行为。他们会通过撒谎来摆脱困境。作为一名教师，我需要帮助他们去承认自己的错误，并让他们做出积极的改变。所以，我没有直接过去质问他，我用手机把垃圾桶里的馒头拍了下来。

活动区的活动结束后，我们利用大屏电脑展示孩子们在区域游戏时的照片，用这种形式进行区域评价很受孩子们欢迎。在做完最后一组评价后，屏幕上出现了一个垃圾桶，桶里有一个白白的馒头，和垃圾摆在一起非常的显眼，孩子们都纷纷议论起来："哎哟，这是谁扔的馒头呀？""这多浪费食物，真可惜啊！""扔了就不能吃了，这样做多不好呀！"孩子们七嘴八舌地议论着。我对孩子们说："你们知道这个香香的馒头是怎么来的吗？"孩子们摇摇头。

我展示出农民伯伯种粮食的图片，并且配了一首孩子们都很熟悉的诗《悯农》，和孩子们一起朗诵后，我提出问题："你们知道这首诗是什么意思吗？"孩子们大声地表达着自己的理解，我肯定了孩子们的说法，并为孩子们播放食物由来的视频,向孩子介绍了粮食从播种到收获,最后做成馒头的过程。孩子们瞪着大大的眼睛看着,纷纷说:"老师,我们要好好吃饭,不浪费粮食。""小朋友们说的对,粮食得来不易,我们要珍惜粮食,每天好好吃饭,不扔饭、不倒饭、不挑食,这样才能身体健康,长得高!"小朋友们点点头说:"老师,我们不扔馒头、不倒饭。"我又问孩子们:"如果饭不爱吃或吃不了怎么办呢?"教室里瞬间安静下来,过了一会冉冉站了起来说:"吃不了可以跟老师说,也可以提前告诉老师,少添点儿饭。"点点说:"可以慢慢吃,不着急,不抢第一!"我笑着说:"我有一个小妙招,就是把不爱吃的馒头和爱吃的汤搭配一起吃,不好吃的食物也会变得很好吃。"孩子们高兴地拍着小手说:"真是个好办法。"

到底是谁扔了馒头呢?我不想追究,但是希望孩子能够诚实主动承认错误,因此我笑着说:"我相信扔馒头的小朋友一定知道自己错了,知错就改就是好孩子,但是我还是希望他能够主动地承认并告诉老师扔馒头的原因。"说完我在心里默默地想:这位小朋友到底会不会主动承认呢?带着一份期盼我等待着。在孩子们喝水时,果果悄悄地拉了拉我的手,贴在我耳边上说:"老师,馒头是我扔的,我不喜欢吃馒头。"我蹲下来摸着他的肩膀说:"果果知错了能主动承认是诚实的孩子。"他点点头说:"我以后再也不扔馒头了。"我笑着对他说:"果果真棒,知错能改。以后遇到不喜欢吃的食物可以试试老师的搭配小妙招。"他使劲地点点头,我们一起笑了。

诚实是一种美德,是我们要加以提倡并重点培养的;但更为可贵的是,敢于承认错误的勇气和积极改正错误的行为。教师不需要去惩罚或谴责犯错误的孩子,只需要把它们看作一次教学或促进孩子进步的机会,用错误来培养性格,从错误中吸取教训,这也将有助于培养孩子独立解决问题所需的自信。

学会分享

毛 雪

《幼儿园教育指导纲要（试行）》中指出："幼儿教育是基础教育的有机组成部分，是学校教育制度和终身教育的奠基阶段。幼儿园教育应为每一个幼儿的近期和终身发展奠定良好的素质基础。"幼儿园是孩子生活和学习的重要场所，也是孩子进行社会学习的初始场所。

和小班孩子们一起生活两个月了，这些可爱的孩子们正处于"以自我为中心"表征的活动阶段，他们常"霸道"地认为："我喜欢的东西就是我的！"在幼儿园的集体生活里，这显然是一件头疼的事。九宝就是表现比较突出的一个孩子，在区角活动里玩耍时，九宝经常和大家闹得不愉快，不是哭就是大闹一场，老师怎么调节他都不高兴。向一起在区角活动玩耍的孩子们了解后，他们告诉我说："九宝抢玩具，他不给我们玩，东西都拿在自己手里，我们大家都玩不到了。"还有一个最小的小家伙告诉我说："老师，我都喊他哥哥了，他都不给我玩，还打我呢。"听孩子这么说，我明白了，原来是九宝把玩具都揽到自己手里，自然其他孩子不会乐意，矛盾就会产生。

刚入幼儿园，总免不了有孩子产生哭闹、拒绝、发脾气等不良情绪，在没有进入幼儿园之前，生活在家庭的小天地中，他们是被关爱、被满足的重要对象，没有分享、合作等方面的意识。因此，需要教师灵活运用、着力适度地，对孩子所表现的不良行为采取适宜的缓解策略。

看着坐在旁边小椅子上还在张嘴大哭的九宝,我轻轻地走过去,安抚他,蹲下来问:"九宝你看一看,别的小朋友玩得快乐吗?""快乐。""那你快乐吗?""我不快乐,他们都不跟我一起玩,还要我手里的玩具。""九宝你看一看,你的几个小伙伴们在那里干什么呢?"他告诉我说:"在那里说话呀!""他们有东西玩吗?""没有。"这时他低下头,看着自己口袋里的玩具很不高兴。"我想请你把你口袋里玩具分享给大家一起玩,好吗?"他低下头犹豫着,于是我对着其他的小伙伴说:"瞧,九宝现在要和大家一起玩了,你们高兴吗?""高兴!"其他几个孩子一起回答我,这时的九宝笑了,把自己拿的玩具分享给了其他孩子。

之后,我又把这件事改编成了故事,并结合歌曲《找朋友》开展了活动。以故事和歌曲为桥梁,让九宝知道周围的小伙伴都有同情心、爱心,当孤独的时候,身边的小伙伴都会很乐意陪伴。同时也鼓励孩子主动交换玩具,与其他孩子进行情感交流,这样他们彼此都愿意一起玩耍,一起分享,并成为了好朋友。我也希望他们与人分享之后,知晓自己的快乐并不是减少了,而是增加了。我想他们明白这个道理之后,会更愿意把属于自己的东西拿出来与人分享,因为分享真的是一件快乐的事。

勇敢面对挫折

任 颖　王 岩[*]

东东是一个自理能力很强的小男孩，在小班的时候他的情绪很稳定，大家都很喜欢他，但升入中班后的东东变了。

这天午睡起床时间到了，孩子们和老师问过好后，纷纷起床穿衣服，东东坐在床上没有起来，我走过去问他，东东羞涩地埋头，用很小的声音和我说："我尿裤子了。"我说："那你下来，快去换裤子吧。"他很不好意思地从床上走下来，我问他："今天怎么了，之前没有尿过裤子，今天怎么尿裤子了呢？"东东红着脸，眼眶红润，看到他这样，我没有继续问他，让他赶快去换裤子。下午离园的时候，我和东东奶奶说："今天东东尿床了。"奶奶说："这孩子两岁后就从来都不尿床了，怎么搞的？"话还没有说完，东东把头埋进奶奶的怀里，还用手捂住奶奶的嘴，特别不好意思。第二天的时候，东东很早地脱好衣服上床睡觉，但是整个中午都没有睡着，一共去了五次厕所。我问他："怎么一直要去小便呢？中午都没有好好睡觉。"东东说："我觉得我有，每次都想去试一下。"由于一次尿床的经历导致东东午睡时很紧张，他害怕自己会再尿裤子，所以不停地去试。

升入中班后的东东变得很焦虑，常因一件小事就变得很不开心，遇到挫折后也会伤心地哭鼻子，在家时的情绪也不是很好，甚至都不愿意来幼儿园。究

---

[*] 王岩，小二班教师。

竟因为什么让东东变了呢？只有找到真正的原因，才有最好的解决办法。

为此我和东东妈妈进行了沟通，了解到东东是个敏感的孩子，他对老师说的话特别在意，当发现自己没有按照老师的要求做时，他就会很焦虑，比如说，喝牛奶的时候总是不能很快喝完，但别的小朋友都去排队了；拉链总是拉不好，不能站在前面等。这些事东东不敢和老师说明原因，总是压抑情绪，负面的情绪堆积多了，自然就消极、抵触上幼儿园了。

其实东东有这样表现的原因，是想要得到老师的表扬，想比别的小朋友做得好，一旦没有实现，东东会很不开心。我找到了教育的契机，对东东进行了疏导，鼓励他去做自己擅长做的事情，跟其他小朋友去互相学习。引导东东勇敢说出自己的困难，学会寻求他人及同伴的帮助，让东东找到解决困难的方法，并努力去战胜困难。东东担心自己会尿床，所以总是去小便，我告诉他："老师会在小朋友睡着的时候提醒小朋友小便，小朋友可以安心地午睡。"东东听了，午睡的时候终于睡了，直到他醒来也没有尿床。有了成功的经历，之后东东一直睡得很安稳。

对于绘画，东东也一直很没自信，总担心自己画不好。每当要绘画时他却迟迟不敢下笔，并露出慌张的表情。一旁的我并没有和东东多说什么，只是告诉他："你可以先试一下，没关系的。"东东小心翼翼地画了起来，当他完成作品时，我夸奖了东东："今天画得不错，而且你很勇敢，可以大胆地表达自己的想法，特别好！如果画的时候可以画得大一点，把画面中心找好就更好了！"东东听到我这样说很开心。在肯定的基础上给予建议，是让孩子开心，并乐意接受的一件事。

心理学家马斯洛说："挫折未必总是坏的，关键在于对待挫折的态度。"一味地指责会让孩子陷于挫折中而一蹶不振，我们需要帮助孩子直面挫折，建设积极的心态。这样孩子再面对挫折和困难时，会开始自信地去解决他面对的问题。毕竟拥有独立的生活能力，能吃苦耐劳和不怕挫折，才是适应社会高速发展，成为人才所需要的素质。

受委屈的"淘气包"

许馨瑶

在一次下午加餐过后，我组织刚刚吃完水果的孩子饮水、如厕，这时天天跑来跟我说："老师，乐乐把我的书弄掉了。"转过身一看，天天的书确实掉在了地上，书中的书签也散落一地，再看看乐乐，他正捡着书，还没等我开口，只见他满脸委屈地说："不是我弄掉的。"其他小朋友立刻反驳："就是乐乐，就是乐乐……"也许是"习惯"了他的调皮，也许是"习惯"了小朋友对他的屡次告状，在潜意识里我认为这差不多就是他做的，想到事情不大，我便没有做更多引导，只说："没关系，把书捡起来就好了。"但与以往不同的是他没有像往常那样和同伴争执，而是默默地捡完书给了天天，回到了自己的座位。当时我只是觉得有些反常，但并没有多探究，一切活动继续，直到下午进餐时间，我发现他一脸的失落，他的表情告诉我事情或许另有真相。

在晚离园前，我悄悄地把乐乐叫到跟前，问他："你怎么了，为什么不高兴啊？"乐乐不说话。我继续问道："是不是还在为看书的事难过呢？"乐乐用哽咽的声音说道："天天的书不是我弄掉的。""那你能告诉老师到底是怎么回事吗？"乐乐说："是小朋友从那经过碰掉的，我想把它捡起来。"从他的口气和眼神，我确定他没有说谎，于是又问道："原来是这样啊，那你当时怎么不说呢？"乐乐伤心地说："小朋友都说是我，他们不相信我。"我说："为什么你觉得小朋友不相信你呢?"乐乐沉默了一会才说:"我淘气。"我愣了一下,接着说:"怎么会呢,老师相信你,小朋友也会相信你的,如果你觉得调皮会让大家失去对你的信任,那么以后就争取不调皮,做一个懂事的孩子,是不是就可以赢得大家的信任呢?"乐乐点了点头。

问完乐乐后,我的心情难以平静,如果我没有及时发现乐乐的异常反应,没有细细琢磨,进而与他沟通、交流,那么事情是不是就在大家的"想当然"之下不了了之了。我们给乐乐贴上标签,就理所当然地按标签去解读,这也是对乐乐的一种无形伤害,如何引导孩子的判断能力也是值得深思的。试想,如果坚持固有的认识,长此以往,他们以后的处事方式会不会变得更加"偏颇",他们的认识会不会更加"浅显"呢?好在及时发现,也非常庆幸这样的发现。

最后,我决定把事情说清楚。我问那些"告状"的孩子:"你们确实看见书是被乐乐弄掉的吗?"孩子们没有作声,我更相信乐乐的话了,于是我把事情经过讲给了小朋友听,其他孩子们似乎也意识到了自己不应该这样,都陆续地跟乐乐说"对不起",乐乐大方地说:"没关系!我原谅你们了。"

水杯上的贴画

张立双　王　岩[*]

源源是班里出了名很"特殊"的一个孩子。在小班的时候,他活动自由,几乎从不参与集体活动,每次都需要一位教师专门陪伴,提醒他做事情。

在幼儿园的进餐,他也表现得很特别,有很多源源不喜欢吃的菜,如海带、西蓝花、胡萝卜、虾皮。经过小班一年耐心持久的引导,源源对胡萝卜、虾皮能吃上一点,但就是西蓝花和海带却怎么也不肯吃上一口。无奈下与家长沟通,得知他在家里也一直不吃海带,因为家族遗传的原因,不能吃太多海带,但西蓝花可以吃,只是他不太喜欢那个味道。就是这样"特别"的源源,平时颇让我苦恼,但是最近发生的一件事情让我有了不一样的感觉。

最近班里的孩子都很喜欢带贴画送给好朋友们,每一次源源都因为自己去玩别的玩具或者还没有吃完饭,而错过和小朋友们分享贴画的机会,他很失落。我看出他的失落,建议他把自己带的贴画在晚离园时送给其他孩子们。

一天吃饭的时候,孩子们的菜是炒双花(西蓝花和菜花)。因为知道他不喜欢吃这种菜,我们把西蓝花少给他盛了一些。当源源盘子里只剩下西蓝花的时候,他开始在座位上扭来扭去的,一会儿看看旁边小朋友,一会儿看看中间的盘子。

---

[*] 王岩,大二班教师。

第四章　美丽的瞬间，永恒的感动

我观察到源源的状况，故意提高声音说："我记得源源在小班的时候最讨厌吃西蓝花了，每次一吃西蓝花就停住，现在上中班了，长大了，你看盘子里就剩一点点西蓝花了，剩下的肯定都能吃掉。"源源听了我的话立刻挺直了腰，拿起勺子，吃了一大口。策略奏效了，我继续鼓励道："哇！还大口吃呢，真是长大了，知道吃西蓝花对身体好，补充维生素。"转眼间，源源的几朵西蓝花都吃光了。我走到源源身边悄悄对他说："源源，张老师真的没想到你现在变得这么厉害了！"源源笑着对我说："那当然了，我可厉害了！我都敢吃西蓝花了！"吃完饭之后，我到柜子里拿了一张大的贴画送给源源，我告诉他："源源，这个最大的贴画送给你，因为你战胜了自己不爱吃的西蓝花，学会挑战自己，大贴画也觉得你很厉害，想跟你做朋友呢。"他拿着贴画就贴到了自己的柜子里，还仔细数着自己柜子里已经贴了几张贴画。

第二天早晨，我来的时候源源已经吃完饭了，他看见我就向我跑过来说："张老师，我有一个贴画要送给你。"接过他的贴画，我当着他的面把贴画贴到了自己的水杯上，他看了看，可能是觉得还不够，又从自己的贴画纸上拿下来一个最大的说："这个也送给你，贴到水杯上。"我道谢后又贴到了水杯上说："谢谢宝贝儿，剩下的贴画就分享给其他人吧，我已经得到两个啦。"他提高声音说："你已经得到我们家最大的贴画了！"

得到孩子的信任是一件多么光荣的事啊！源源送给我的贴画，在我看来不仅仅是一个礼物，更代表着孩子对我的信任。是源源的善良给了我们建立信任关系的机会，我也相信他的行为源自他的情绪，我们彼此尊重，这段关系也将越发紧密。

培养习惯从点滴做起

卫德玉

近代教育家陶行知说:"教育就是培养习惯。"巴金说:"孩子成功教育从好习惯培养开始。"

习惯,是指在长时间里逐渐养成的,一时不易改变的行为。良好的学习习惯对一个孩子来说不仅至关重要,也是终身受益的。马上孩子们要上小学了,新的环境需要孩子们去适应,学业的变化更需要孩子们有好的习惯来支撑,因此这学期我们围绕"幼小衔接"来重点开展工作。开学初我们根据班级孩子发展的现状,结合课程目标,在学习习惯方面进行了具体的要求和调整,并开展了"比一比,谁能坐端正""最爱动脑的好宝宝""词汇比赛""讲故事比赛"等竞赛活动,目的在于培养孩子良好的学习习惯和积极向上的情感。

这一次,我们为了让孩子们将来能够尽快适应小学生活,又模拟了上小学情景,让孩子们背上小书包上幼儿园。背上书包后的孩子们非常神气,神情里露出仿佛已是小学生的自豪感。将书包放到教室里后,我观察发现多数孩子书包里面摆放杂乱,什么东西都往里面放,如果需要某样物品时,会来回地找很不方便。但令我惊奇的是,萱萱的书包很不一样,里面摆放得很整齐。借助同伴的力量,也许这是孩子们一个不错的学习机会。我邀请了萱萱:"今天我们来请萱萱给我们讲一讲，她的书包为什么那么整齐。"萱萱拿着自己的书包，拉开拉链说："你们看我就是把一样的东西都放在一起。我把最大的放在里边，然后是不大也不小的，最上面放最小的……"孩子们都非常认真地听。听完我也请孩子们用这种方法整理自己的书包，后来我们又讨论了："书包里要装些什么，你觉得哪些东西是必须要带的？为什么？哪些不能带？为什么？"通过讨论，孩子们明白了背着书包来幼儿园，里面放好学习的书本、文具和用品就够了。通过实际练习整理小书包，孩子们都能熟练地把小书包里的东西摆放得整整齐齐了。

一个小小的书包，通过思考、讨论、练习，孩子们得到了一个比较清晰的概念，学会了有规律地整理物品的技能。更重要的是明确小书包的使用与管理都是自己的事情，不依赖他人，培养了自我管理与独立自主的意识。

但是，上小学仅仅学会如何整理书包是不够的，小学后的学习还要求孩子们有正确的读书、写字、握笔姿势，并同时知道要保护好自己的眼睛及感觉器官，因为良好的坐姿有利于骨骼生长和身体健康。正确的写字姿势包括三方面：一是坐姿正确：即身体直、头正、肩平、腿平。二是执笔姿势正确：大拇指和食指夹住笔杆，其余三指托住，笔杆向后稍斜，靠在虎口处。三是做到三个"一"：眼离书本一尺；胸离桌子一拳；手离笔尖一寸。所以当孩子开始拿笔时，结合孩子们的年龄特点，我们采用边唱儿歌边做动作将握笔姿势训练寓教于游戏中（握笔歌：一棵大树站不住，手指全家来帮助。爸爸妈妈夹住树，三个孩子顶住树）。教会他们怎样握笔，怎样坐正，怎样写、画等。在训练一段时间后，孩子们基本上掌握正确的坐姿与执笔姿势了，但好的习惯样养成还需保持下去，之后我们随时检查、提醒，经常示范，及时纠正，直到孩子养成正确的执笔、书写习惯。

孔子说："少成若天性，习惯如自然。"意思是小时候形成的良好习惯和天生的一样牢固。而且好习惯有利于维护健康的身心，可以调节孩子身心能量的平衡；好习惯也有利于开发孩子的潜能，不管是生活还是做事，好习惯是最节约时间和最节省精力的方式，培养好的习惯对孩子来说尤为重要。因此作为教育者，作为教师，我们更要从小处着手，细心观察孩子在日常生活中的一举一动，采用适合孩子特点的方法，对孩子进行良好学习习惯的培养。

第四章　美丽的瞬间，永恒的感动

小叛逆

王晓亭

区域活动开始了，诚诚坐在美工区的小椅子上一动不动，我走过去说："诚诚，咱们一起画画吧。"他看看我，扭过头说："哼，我不要。"我接着问："那你想做什么呢？"他撅着小嘴儿说："我就坐着，哼。"我试图引起诚诚的兴趣，指着旁边的小朋友说："你看，优优做的手链真漂亮。"听了我的话诚诚的小眼睛往优优那边瞟了一下，我趁机对优优说："你的手链可以带回家，你想要送给谁呢？"优优想了想说："嗯……我想送给妈妈。"我摸了摸优优的头说："好孩子，真懂事。"说完我就离开了，过了一会儿诚诚开始和优优一起制作手链了。

又一次，户外活动时，老师带着小朋友们做游戏，诚诚撅着嘴巴在一旁发呆。我走过去问："诚诚，你怎么了？能跟我聊聊吗？"诚诚把头转向一边说："哼，我不开心了。"我蹲下来拍拍诚诚的肩膀说："哦，原来你心情不好呀？"诚诚看了我一下说："对呀，我很生气。""那你是因为什么不开心呀？和我说说好不好？""洋洋不跟我玩，他不是我的好朋友了。""洋洋为什么不跟你玩了呢？"诚诚委屈地说："肯定是洋洋不喜欢我了呗，我们不是好朋友了。"我摸了摸他的头，在他耳边小声地说："那你有没有问过洋洋，为什么不跟你玩儿了呢？"诚诚也在我耳边小声说："洋洋在和小美玩，我想跟他们一起玩，洋洋让我走开，他一定是不喜欢我了。"

听到这里我没有直接说什么，只给诚诚讲了一个故事。"一头猪、一只绵羊和一头奶牛，被牧人关在同一个畜栏里。有一天，牧人将猪从畜栏里捉了出去，只听猪大声嚎叫，强烈地反抗。绵羊和奶牛讨厌它的嚎叫，于是抱怨道：'我们经常被牧人捉去，都没像你这样大呼小叫的。'"故事讲到这我问诚诚："为什么猪会大呼小叫呢？"诚诚说："因为猪不开心。""那为什么绵羊和奶牛不会大呼小叫呢？""因为他们开心啊，所以不会大呼小叫。"我摸了摸诚诚的头说："那我们继续把故事听完吧。""在故事里猪回应道：'捉你们和捉我完全是两回事，他捉你们，只是要你们的毛和乳汁，但是捉住我，却是要我的命啊！'"

故事讲完，诚诚拉着我的手说："老师，原来小猪这么可怜。"我点点头说："是啊，小猪大呼小叫，绵羊和奶牛没有理解它，反而觉得小猪很讨厌对吧？"诚诚默默地低下头说："嗯，我也没有理解小猪，我还以为小猪不开心了呢。"我摸着诚诚的头说："那你现在觉得洋洋为什么不和你玩儿了呢？是因为不喜欢你了吗？"诚诚笑着趴在我的耳边说："老师，我一会儿去问问洋洋，我们还是好朋友。"我竖起大拇指说："好样的，老师相信你可以自己解决这些难题的。"说完诚诚走到洋洋面前，笑着对洋洋说："洋洋，我们一起玩可以吗？"洋洋点点头也笑着说："好呀，你坐在我们旁边吧。"

孩子们大多时是可爱的，但偶尔也有可能做出令人惊讶的叛逆举动。这种现象源于他们处于"以自我为中心"的阶段，是孩子在发展自我意识过程中不可避免的一部分。因此作为教师，我们需要去理解孩子，丰富孩子的阅历，帮助孩子建立同理心，让他们学会在意和照顾他人的心情和感受，善于社交，从而获得幸福。

第四章 美丽的瞬间，永恒的感动

闪亮的大奖牌

李佳景 王东兴

"培养合格的社会主义建设者和接班人"是新时代党和国家对现代教育的要求。《3~6岁儿童学习与发展指南》在社会领域教育建议中指出："运用幼儿喜闻乐见和能够理解的方式激发幼儿爱家乡、爱祖国的情感。"2019年10月1日，是中华人民共和国成立70周年的日子，到处洋溢着欢庆国庆的喜悦，爱国的氛围在此时更显浓厚。在举国欢庆的十月里，我们班级也结合国庆节，开展了相关的主题活动——"祖国妈妈我爱您"。

在中华人民共和国70周年的建设历程中，涌现出无数建设者，其中有八位杰出代表，获得了中华人民共和国最高荣誉勋章——共和国勋章。孩子们在和爸爸妈妈收看这个新闻时，充满了好奇，究竟这些老爷爷老奶奶是谁呢？他们为什么获得了闪亮的大奖牌呢？故事也在孩子们天真、好奇的提问中开始了。

最最问我："老师，这个老爷爷是谁呢？"

我说："他叫袁隆平，他有一个特殊的名字叫作'杂交水稻之父'。"

涛涛迫不及待地问我："什么是杂交水稻呀？"

"杂交水稻就是一种'混血'的米饭宝宝，种上这样的水稻，我们可以得到比原来更多的米饭……老师也有个问题想问你们，如果小朋友不吃饭会有什么感觉呢？"

瑶瑶说："我感觉要'饿死'啦！"她有趣的回答逗得小朋友们捧腹大笑。

"对，袁隆平老爷爷就是种出很多很多粮食的人，因为在袁隆平老爷爷小的时候，有很多人挨饿、没有饭吃，他立志用农业科学技术击败饥饿威胁。所以我们现在才有这么多米饭，我们才不会饿！"我说："最重要的是，他不仅仅帮助中国人，还把他的杂交水稻种在非洲的土地上，去帮助那里的小朋友。"

"哦，那他每天种这么多稻米不累吗？"一个小声音发出来。看来孩子们把袁隆平和他们熟悉的农民伯伯联系起来了。

"袁隆平爷爷虽然很像一个农民伯伯，但其实呀，他是一个农业科学家。他每天在田地里做实验，像农民伯伯一样种庄稼，只是为了得到更厉害的种子，让我们国家和世界上更多人吃饱饭。"

"我知道！袁隆平爷爷就像一个魔法师一样把庄稼变多了！"宝宝迫不及待地说。

洋洋跟着说："袁隆平爷爷也太厉害了吧。"其他小朋友也你一言我一语地进入讨论。

听了孩子们兴奋的描述，我提出一个问题："小朋友们，听了袁隆平爷爷的故事，你觉得我们可以向他学习什么呀？"

"袁隆平爷爷是有本领的人，他很能干！""他非常好心地去帮助有困难的非洲小朋友。""他很辛苦地种粮食，我们不能浪费米饭，要全吃光。""我长大也要当科学家，获得这个共和国勋章！"

我又问："那咱们要怎么做才能成为袁隆平爷爷那样的人呢？"

"当然是学本领啦！老师带我们学本领的时候要认真，不能学小花猫三心二意。"佳妮说。接着小美举起手："老师带我们学本领时候要听话，这样才能学会，否则当不了科学家！""还有，不能浪费，不爱吃的东西也要吃一点，科学家不能挑食。"

…………

关于袁隆平爷爷的故事在孩子们一浪高过一浪的讨论中结束啦！通过这个简短却有意义的讨论，我们的晚餐进行得格外顺利，再也没有孩子说吃不完，不爱吃！在全班孩子的集体努力下，大家进餐的习惯也越来越好，因为他们都知道，那是袁隆平爷爷"辛苦研究出来的米饭"。

通过袁隆平爷爷的故事，孩子们也感受到了老一辈的科学家对祖国的深厚情感，由此会引发他们对周围人与事的兴趣，并建立起自我与社会关系的意识，形成爱国意识的最初萌芽。爱国主义教育是幼儿德育教育的一个重要方面，培养孩子的爱国精神具有重要的现实意义；让孩子从小萌发爱祖国、爱家乡的意识和情感，也是孩子树立伟大崇高理想的基础。陶行知先生曾说："教人要从小教起，幼儿比如幼苗，培养得宜，方能发芽滋长。"在孩子的德育教育中，更应注重孩子的爱国情感教育，帮助孩子建立良好的价值观。

口取纸

张立双

班里的图书区一直人流量很小,这是一个问题。北宋欧阳修先生说"立身以立学为先,立学以读书为本。"为了培养孩子的阅读兴趣,开学后,我们大刀阔斧,把图书区改成了图书馆。

新环境的变化,新事物的到来,让孩子们都格外兴奋,迫切地想要去图书馆。有一天,我蹲在书架旁边整理图书,给每一本书贴标签,凯凯走过来,在我身边转了一圈,看着我手里正拿着的一本书说:"丽丽找猫。"我回头问:"凯凯你喜欢看这本书,是吗?"他笑着说:"这本书我看过。"说完他转过头去看了一眼书架上的其他书,就走了,我继续整理图书。

过了一会儿,大轩走过来主动帮忙,我把口取纸给大轩请他帮忙贴在书上,这时凯凯也走了过来,仍旧站在我身边,我每拿一本书他都会探头看一眼,我回头笑着对他说:"凯凯想看书吗?"他说:"老师,我家有好多书,多得都装不下了。"我说:"那么多书,那你一定很喜欢看书,也看过很多书吧?"他点点头说:"我家书都快装不下了。"我问:"那你家里有没有和幼儿园一样的书呀?"他没有回答,而是看着大轩手里的口取纸说:"这个是什么?"然后笑笑看着我。

凯凯是个很喜欢看书的孩子,在2019年上半年的学期里,他每次去活动区时几乎都会到图书区看书，但他从来不会主动和老师沟通，甚至因为不主动和老师说话而经常尿裤子。为这样的问题我们也苦恼过，当然也需要想办法去解决。我们与家长沟通交流凯凯的情况，并尽量设身处地去理解他的想法，慢慢培养他的自信，拉近与他的距离。

《3~6岁儿童学习与发展指南》中指出，教师可以与幼儿谈论他感兴趣的话题，询问并听取他对事情的意见等，从而为幼儿创造说话的机会并体验语言交往的乐趣。在我看来谈论喜欢的事情总会让人格外散发自信的光芒。

我猜测凯凯可能是对口取纸感兴趣，就拿过来对他说："来，你想不想帮忙？"他迅速接过口取纸说："好！"然后小心翼翼地贴在书上，把贴好的书放到我面前说："老师，是这样吗？"我点点头说："是的，凯凯贴得非常整齐，谢谢你。贴好的就放在我身边，我来写字。"凯凯加快了贴纸的动作，每贴完一本就整齐地放在我身边，还不时与我和大轩聊上几句。

凯凯的自信表现在谈论他喜欢的事情上，说起书来，他可以侃侃而谈，是书架起了他主动与人沟通的桥梁。从另外一个层面理解，每个看似羞怯或不起眼的人，其实都有阳光、自信的一面，等待被发掘并焕发光芒。

第五章
成功的体验，快乐的成长

《幼儿园教育指导纲要（试行）》中指出："幼儿园是幼儿生活和学习的重要场所。幼儿园教育应丰富幼儿的生活，满足他们身心发展的需要，帮助他们度过快乐而有意义的童年。"大型活动是幼儿园教育教学活动的重要组成部分，对幼儿全面发展，尤其是社会性发展具有重要意义。现如今，大型活动的组织需要改变过去盲目追求社会效应、盲目满足家长需求、活动形式单一、为办活动而办活动等组织现状，要考虑活动是否有利于幼儿的终身发展、是否尊重了幼儿的人格和权利、是否让幼儿成为了活动的主体等。况且幼儿天生具有和自然亲近的本能，"未亲近泥土的童年不是快乐的童年，远离大自然的教育不是完美的教育"，而大型活动为幼儿提供了和大自然亲密对话的机会，有助于实现幼儿身心发展的目标；同时，开展这样的大型活动，也能为教师提供更多的成长机会，并美化园所环境，形成丰富的课程资源，从而助推园所内涵发展。在丽景幼儿园，我们走了出去，亦带了进来，开展了丰富多样的活动，让幼儿不仅走进自然里，还走进我们的传统文化精髓里、先进的科技里及我们彼此的情感里。通过这些活动，我们为幼儿创设了展示自我与社会交流的平台，促进了幼儿整体素质的提升。

传承中华文化，喜庆新年

孟　娜　岳新玉

2018年12月28日，对于丽景幼儿园的孩子们来说，有两个字足以形容这一天的状况——"冷""热"。"冷"是因为当天正值冬季温度最低的时候，白天气温亦在零下，体感比较寒冷。"热"是因为属于孩子们的庙会正红红火火、热热闹闹地举办着，每个参与其中的孩子心里都热乎乎的，每个人的脸上都露出了甜甜的笑容。

进入冬季以来，孩子们就不断地畅想自己新年的愿望和计划，盼望过新年的心情急切又热烈。为缓解这份急切，也为满足孩子的兴趣与需求，班级围绕新年开展了庙会主题活动。通过活动让孩子们了解中国的传统节日——新年，以及与新年有关的一些习俗，并尝试用自己的方式画"福"字，把自己想吃的、想玩儿的都融入进去。

孩子们从庙会筹划开始就参与其中。各班孩子通过了解新年的传统习俗，确定自己班级想要进行的庙会活动，制作宣传海报、设计宣传口号，并于2018年12月20日向庙会组委会申报班级的房间号码、联系方式，小申报者还需签下自己的名字，向全园介绍自己班级的活动内容及活动由来。最终，丽景幼儿园的10个班级20个游戏项目全部通过了庙会组委会的审批。

在庙会环境布置中，孩子们也积极投入，把自己写的"福"字粘贴整合成一幅"百福图"，悬挂自己制作的鞭炮和灯笼，让节日氛围更浓厚。环境布置完成，老师带领孩子们参观了楼道环境，了解关于"春联"的来历和习俗，知道了中国的第一幅春联是"新年纳余庆，嘉节号长春"。孩子们认真地了解每一幅春联作品的内容以及背后的意义，熟悉各个楼层的游戏及游戏规则，同时制订出简单的游戏计划。一切准备就绪，孩子们获得了参与庙会的门票，但他们希望为他们服务的老师同样能获得，于是孩子们通过粘贴、绘画的形式制作了新年红包，把庙会门票装入其中，送给了幼儿园的后勤老师们。

孩子们的作品虽然稚嫩，却体现出对传统节日的理解和热爱。亲身参与筹备的过程，也让孩子们更期待参加传统庙会活动。

2018年12月25日，丽景幼儿园庆新年传统庙会活动拉开序幕。

2018年12月25至27日，是小、中、大班三个年龄段的孩子向家长们展示园所课程的阶段。通过一个学期的生活与学习，小班孩子向家长展示了"新年的故事""牙齿保卫战""水果PARTY"和"七色花"；中班孩子表演了"小兔乖乖""岳母刺字""龟兔赛跑"；大班孩子表演了成语故事"童叟无欺""拾金不昧""闻鸡起舞"以及音乐游戏"小兔乖乖""夏天的蝴蝶""小羊过桥"。孩子们对于自己扮演的角色都非常投入，大灰狼用沙哑的声音和小兔子说话，仿佛他就是大灰狼；在"岳母刺字"的时候"岳飞"紧皱眉头，一言不发，好像身临其境；小兔子和小乌龟为了谁能取胜激烈地争论着……孩子们的展示，获得了家长的赞许，掌声笑声不断。

2018年12月28日我们的庙会活动开始啦！

拍拍手、逛庙会、玩游戏、做手工、品美食，孩子们穿着节日喜庆的服装，迫不及待地开始了逛庙会活动。

在第一层，孩子们选择了几种自己较喜爱的运动类游戏项目和皮影戏。

泰山皮影剧团来园表演，锣鼓声一响，"孙悟空三打白骨精"的剧目上演了。屏幕上古灵精怪的孙悟空、狡诈善变的白骨精一下子把孩子带入了故事情节中，伴随着故事的变化，孩子们时而双拳紧握，时而鼓掌叫好。这边皮影戏看得酣畅淋漓，那边传统游戏项目更是吸引人：踩高跷、砸钱眼、踢毽子、套圈……在套圈游戏中，孩子在初次进行游戏时，控制不好扔圈的力度，圈立着飞出去，自然没有套中任何物品。尝试两次后，孩子领悟到需把圈平着从手里推出去，这样就可以顺利套到礼物。掌握方法后的孩子迫不及待地与其他孩子分享自己的发现，喜悦之情溢于言表。

在第二层，孩子们投身于传统手工艺品的制作过程中。孩子们选择了最具年味的色彩画"兔爷"；孩子们在家长志愿者认真的指导下粘贴着"年年有余"挂饰；还有制作传统龙、缝虎头鞋、写"福"字等。孩子们在专注制作的过程中，感受着传统中国年的喜庆氛围。

在第三层，不时传来的叫卖声让孩子们闻声而来，原来这里都是传统民俗小吃。孩子们挨个摊位瞧一瞧、看一看，数数手里的票，琢磨着自己的票可以换购哪些小吃。在众多小吃中，冰糖葫芦和鸡蛋饼最受孩子们的喜爱，尽管摊位前排着长龙一样的队伍，孩子们依然愿意等待。在另一边，两个孩子相互商量着，一起去换购年糕吃，每个人手里托着一个年糕，一边品尝一边交换着自己的见闻。

在操场，各种节目更是令人目不暇接。在中国的文化中"鼓"是精神的象征，有一个关于鼓的传说——相传在一座大山里住着一头身体上长满了鳞片，没有犄角却像牛一样的怪兽，这头怪兽总是翻云覆雨，伤害老百姓。一个叫黄帝的人和它战斗了很久，最后将它变成了一面大鼓。今天一面面大鼓矗立在丽景幼儿园，孩子们在老师的带领下尝试敲响了中国鼓，之后，孩子们欣赏了老师们震撼人心的中国鼓表演。

舞龙俗称"玩龙灯"，是中华民族传统的文化活动，以舞龙的方式祈求平安吉祥。舞龙时，龙跟着龙珠做各种动作，有扭、挥、仰、跳、摇等。大班孩子经过一个学期的刻苦练习为大家展示了精彩的舞龙表演。四条金龙气势宏伟地游走在操场上，随着龙珠位置变化，时而扭头，时而变换造型，博得了在场孩子和家长们的热烈掌声。

趁着喜庆的氛围，丽景园社区舞蹈队的奶奶们还给孩子们跳了两支舞蹈。孩子、老师、家长，此刻无不畅享于欢乐中，彼此亲密无间。

愉快而有意义的新年庙会活动落下了帷幕，孩子们满载着节日的喜悦和祝福，结束了一天的活动。

这次活动幼儿园还邀请了家长志愿者团队来充当节日活动筹备人员，在整个活动中家长志愿者细心倾听孩子，耐心服务孩子，认真地指导每一个孩子。感谢他们的付出，让本次庙会活动成功落下帷幕。也让我们更加坚信，家和园的携手合作，会让教育之花开得更美！

第五章　成功的体验，快乐的成长

紫禁城里过大年

李佳景

2019年3月26日，农历二月二十，在阳光明媚的初春，丽景幼儿园大班的孩子和家长们在班级老师的带领下，开始了一天的故宫博物院游学活动。

故宫凝聚着近600年的宫廷变迁和人世沧桑，是一座无与伦比的建筑。故宫不仅是一座皇家宫殿，也是一座博物馆，里面静静陈列的文物古迹，以其独特的魅力展现着传统与历史之美。

行程的第一站我们来到午门雁翅楼展厅的"贺岁迎祥——紫禁城里过大年"主题展馆。展览囊括了"祈福迎祥、祭祖行孝、敦亲睦族、勤政亲贤、游艺行乐、欢天喜地"六大主题，近千件文物展品和各种奇珍异宝陈列其中，琳琅满目，无声地向我们讲述着历史的厚重。不仅是雁翅楼，整个故宫都最大限度地还原了康乾盛世时的过年景象。一走进紫禁城，我们就感受到浓浓的年味儿，获得了沉浸式的体验，孩子们也在这别样的年味儿里感受着年俗文化，而年俗文化也得以传承。

走出雁翅楼，我们一行人来到午门侧面的"五福"区域，参加"福字找不同，皇帝排排看（找不同）"的游戏。游戏以清朝五位帝王的御笔"福"字为线索，需参与者找出五位皇帝的姓名及他们书法的特点。孩子们快乐地参与其中，对每个"福"字仔细观察和对比，直观感受中国文字的奥妙。

凭借简单的找字游戏，孩子们走进了历史，通过汉字了解到清王朝皇位的更替和时代的更迭。

  游戏结束后，是家长和孩子们愉快的进餐时间。在短暂的进餐过后，家长和孩子们分组进行参观，主要的游览线路是太和殿、中和殿、保和殿三座宫殿。随着参观人流，家长和孩子们沿着中轴线观赏，品味古典建筑的优美设计与巧妙布局；欣赏精巧的工艺制作，故宫的每一处都尽显精致与用心。即使是不起眼的排水处理，也彰显环保理念的运用与考究的艺术水平。偌大的宫殿，每一处庭院都设有排水系统，使庭院保持平整洁净，防止积水；每个排水设置也非常巧妙，排水口被设计成了艺术品，既美观又兼备实用功能，真是绝妙绝伦。在故宫，这里的一切都凝结着历史的烙印，跳动着文化的脉搏，是中华民族智慧、工匠高超设计与制造水平的集中展示。走进故宫，孩子们在这里感受历史的印迹，饱览传统文化的璀璨，对于他们来说，这就是最生动的历史课堂与传统文化的熏陶。

一饱眼福后,孩子们动起手来,进行研学手册绘画。孩子们用稚嫩的画笔描绘着传统服饰,感受着古老的紫禁城传递出的服饰之美。在绘画活动过程中,老师还组织家长和孩子们进行"故宫知识抢答赛",对于孩子在参观游览过程中学到的新鲜知识和发现的新奇宝物进行提问和抢答。通过这一系列有趣的活动,帮助家长和孩子们回顾一天游学的美妙经历,重温学习到的知识,并鼓励孩子们继续探索历史和传统文化。

这一天,丽景幼儿园的孩子们在故宫游学,参观了气势宏伟的新年大展,了解了古代皇家过年的风俗,感受到了别样的新奇和美丽;参加了互动启发式游戏,锻炼了观察与表达能力;欣赏了宏伟的建筑与精美的文物,感受到传统文化的独特魅力,在愉快的氛围里感受历史的深度。

奔跑吧！丽景娃！

孟 娜　王沫萱

一所幼儿园、三方人马、六公里路程、七个趣味游戏、五十名家长志愿者、279个活泼可爱的孩子。

这些平常的数字组成了"毛毛虫在长大——丽景幼儿园第三届马拉松运动会'奔跑吧！丽景娃'"的全部。

一所幼儿园能做什么？丽景幼儿园情牵279个家庭。

五十名家长能做什么？只是给孩子带上吃喝用品，叮嘱注意安全吗？在这里，不是。家长们关注孩子的安全并全程参与，他们也如学生般按照老师的安排在相应的游戏点协助老师，引导孩子完成游戏，给孩子们加油鼓劲儿，保障孩子们的安全。他们的工作，让家园的配合又上升到新的高度，也给孩子们提供了优质的发展空间。

第五章　成功的体验，快乐的成长

279个3~6岁的孩子能做什么？徒步一个多小时，在成人的心里，会有迟疑，会有担心，会有"要不，算了吧，咱们缩减一些距离"的想法。但将马拉松活动的内容传递给孩子们时，他们是欣喜的、渴望的、期盼的。有孩子跑到老师身边问："是不是我们要去马拉松了？是不是就是下周一？"当老师点着头给出肯定的答案时，孩子们蹦跳起来，"哦！哦！"地跑开了……也有孩子用图画将活动的流程都画了出来，告诉别人自己要做马拉松运动员了。马拉松让我们看到了孩子们巨大的潜力，日常孩子们展现给大人的一面犹如他们生命中的冰山一角，哇，丽景的娃娃好棒！

究竟什么是马拉松呢？这个问题似乎很简单，但是又很难，因为仿佛人人都说马拉松，但很多人都没有深刻地了解马拉松。丽景的娃娃拥有一颗探究到底的心，他们用最为感性和直接的话语为马拉松定义答案。

"我知道，马拉松就是跑步。"一个孩子将手举得高高的，抢着说。

"马拉松就是做运动。"一个孩子迫不及待地跑到主持人身边说。

答案千奇百怪，但是孩子们抓住了一个核心点就是运动。为进一步激励孩子们参与马拉松运动的热情和信心，园长妈妈给孩子们讲述了马拉松的故事：

公元前5世纪下半叶，地处西亚、实力雄厚的波斯帝国频频向周围弱小邻国发动侵略战争。公元前490年，波斯帝国凶狠的统治者大流士一世又派出达提斯率领十万大军和上千艘大大小小的战船，气势汹汹地向希腊发动了大规模的侵略战争。

　　希腊数万精兵强将开赴战场，会同当地百姓在杰出统帅米尔迪亚德的指挥下，对入侵者进行了英勇反击。但是波斯军队依仗人多势众、兵强马壮，不断向希腊领土挺进。眼见波斯军队已进入到了希腊的军事要地马拉松镇了，它是希腊首都雅典的门户，如果此镇失守，后果不堪设想。希腊军民依靠熟悉的地形和高涨的爱国热情与入侵者进行了殊死较量。结果出乎波斯人的预料，庞大的波斯军队竟在小小的马拉松镇遭到了惨败。英勇的希腊人民和军队，以少胜多、以弱胜强，在马拉松镇打退了波斯侵略军，从而保卫了首都雅典，取得了反侵略战争的胜利。

　　战场上的希腊军民十分喜悦，为了最快地让这一喜讯传到首都雅典，统帅米尔迪亚德命令自己的传令兵菲迪波德斯去完成这一光荣的送信任务。菲迪波德斯既是统帅的传令兵，又是一名英勇无畏的战士。此时，他刚从刀光剑影的战场回来，身上受了伤，周身染着血迹。虽然他感到异常疲劳，可他一接到统帅的命令，立即向首都出发。胜利的喜悦和强烈的爱国心激励着他奋力奔跑，谁能相信这个刚下战场的战士竟一口气跑了42公里的路程。满身血污的菲迪波德斯跑到雅典广场，高兴地喊道："我们胜利了！"说完，这位英勇的战士、著名的"飞毛腿"、统帅信赖的传令兵就倒在地上了。人们围上来看时，他已停止了呼吸。菲迪波德斯实在太累了，他带着胜利的微笑永远地休息了。

　　为了纪念这位爱国英雄，著名法国雕塑家马克斯·克罗塞于1881年塑造了富于表现力的雕塑作品《我们征服了》。塑像为一个裸体青年，大步奔跑，右手拿着桂冠，象征胜利；左手捂住胸口，表示精疲力尽。

　　受到这个作品的感染，法国科学院院士米海尔·勃来尔在1895年奥林匹克运动会光复工作开始之际，致函奥运会的发起人顾拜旦男爵，提议举行以马拉松命名的长跑比赛，得到了支持。于是，1896年在希腊雅典举行的第一届

第五章　成功的体验，快乐的成长

奥林匹克运动会上，就以当年勇士菲迪波德斯跑过的那条路线的距离（全程42.193公里）作为一个长跑竞赛项目，定名为马拉松赛跑。

听完园长妈妈讲的关于马拉松的故事，又跟着"刺猬"老师进行了全身运动，孩子们都迫不及待地要跑起来。

在主持人的一声令下，孩子们都奔向了马拉松运动站点的游戏场地。为什么要奔向游戏场地呢？似乎不寻常，是的，我们的马拉松就是一场不同寻常的马拉松，居然在沿途设置了七个趣味游戏。

第一站：技能大挑战。孩子们可以任意选择拍球或跳绳。

第二站：丛林电网。孩子们需钻或迈过电网，过程中要小心不要被"电"到哦！这个游戏可以锻炼孩子们的身体协调能力。

第三站：我来表演你来猜。老师表演模仿动物，孩子们来猜，考验孩子们的日常生活经验。

第四站：趣味瑜伽。孩子们分成两队，每队需学一个瑜伽动作，看看哪队可以坚持10秒。

141

第五站：平板支撑。看谁可以坚持 10 秒，考验孩子们的体力和耐力。

第六站：找不同。考验孩子们的眼力，看看谁可以找全。

第七站：春天的律动。孩子们和老师们跟着好听的音乐一起跳起来。

七个游戏，孩子们都一一突破，而这场马拉松也在一所热爱运动、热爱自然的幼儿园，及十个蜕变中的班级，五十位热心负责的家长志愿者，279 个可爱又坚韧的"小毛毛虫"的共同努力下完成。

一场马拉松，锻炼了"小毛毛虫"们的意志力和体力，让每个"小毛毛虫"都在一次次冲击中突破茧的束缚，在奔跑中蜕变成长，迎接太阳！我们热爱奔跑，即使奔跑得大汗淋漓、精疲力尽。只因在奔跑中，花朵会告诉我们什么是清香，绿荫会给我们带来清凉，温暖的阳光为我们指引方向，鸟儿歌唱颂扬成长的梦想……

奔跑吧，顽强的丽景娃！奔跑吧，快乐的丽景娃！

有趣的科学探索之旅

苡静雅　韩传莉

"在游戏中学习,在体验中感知,在快乐中成长。"为给予孩子们健康、丰富的游戏环境体验,满足他们多方面发展的需要,使他们在快乐的童年生活中获得更多有益于身心发展的经验。2019年4月23日,丽景幼儿园小班的孩子们走进了中国宋庆龄青少年科技文化交流中心。

"我们是要去游乐园吗?""我们今天还会野餐吗?""坐大巴多长时间能到呀?"……出发前,孩子们背着自己的小书包和小水壶兴高采烈地问着。有的孩子伸着脖子盼望着大巴车快点到来,"大巴车来啦!我们要出发喽!"丽景幼儿园四个小班的孩子们带着满满的好奇和期待,坐着大巴车出发啦!

到达宋庆龄青少年科技文化交流中心后,孩子们放下书包和水壶,整齐列队,开启了有趣的"科学探索之旅"。来到交流中心三层,我们走进"蒙空间"进行体验游戏,"蒙空间"的游戏设计能发展和增强孩子语言、数理逻辑、空间、身体运动、音乐、人际、自然探索等能力,各个环节设计富有趣味性,能激发孩子们的好奇心和求知欲。

蝶舞丽景
蝶文化理念下的幼儿园实践故事

神奇的"龙吐珠"

来到"蒙空间",首先映入眼帘的就是一条长长的龙盘在了柱子上,"这个龙是怎么玩的呢?"孩子们问一旁的志愿者奶奶:"奶奶,这个龙是干什么的啊?"志愿者奶奶拉起一个孩子的手来到了一个透明盒子的面前,给他一个球,说:"放进去,然后拉动底下的抽屉。"球进去后,顺着管道动起来了,"咚"的一声,球又从大龙的嘴里吐出来了!孩子们感觉很神奇!这是为什么呢?通过观察发现,原来盒子底下有一个超强的吹风机!当把小球放进去拉抽屉后就把小球吞进去了,同时抽屉把管道的一端闭合了,于是小球就顺着风的方向在管道里动起来了。通过这个游戏孩子们也体验到了风的力量!

圆滚滚农场

以"圆"为主题,启发孩子的想象力和创造力,培养孩子的动手实践能力,引导孩子观察生活中的圆,体验圆转动的乐趣,通过小球的系列互动感受团队协作的快乐。孩子们来到了圆滚滚农场,在那里视线所到之处,一切都是圆滚滚的。

"孩子们摘过橙子吗?"

"我摘过。"

"我和爸爸妈妈摘过!"

场馆里的老师调动孩子们的已有经验,带领孩子们一起了解游戏的玩法:今天圆滚滚农场摘的橙子可不一样,需要孩子们唱着劳动号子去摘橙子,"嘿呦嘿呦哈!"孩子们跟随着老师的歌声,分组进行了摘橙子的游戏。摘完"橙子"后,需要自己用手转动转盘使运送带转动起来进行运输,在"橙子接力"的游戏中,孩子们可以用拉杆和转轮改变路径,观察"橙子"

的运送轨迹。还可以通过两侧的传送器，帮助村民将"橙子"运到仓库中，等到后面透明的柱子装满了"橙子"，就会下起"橙子雨"。这时，孩子们激动地尖叫，冲过去捡起了"橙子"。全方位、多感官的参与，让孩子们直面力的作用，体验着科技的力量。

道路安全小镇

以交通安全为主题，结合生动的表现形式，使孩子在玩乐中学会交通安全知识。道路安全体验区以生命安全文化为引领，通过极具针对性的互动体验教育，将安全出行的意识有效地传达给孩子，培养其良好的道路行为习惯与面对突发交通安全事件时的应对能力。

在道路安全小镇游戏区，孩子们的目光被一辆大大的汽车所吸引，孩子们进入车内不仅要系上安全带，还要戴上 VR 眼镜，亲身置身于游戏中，在游戏中感受交通安全和规则。在"我来当交警"的游戏中，孩子们通过角色扮演，站在具有感应功能的显示器前指挥交通。这个区域内还有盲道体验，孩子们被蒙住双眼，感受直行、拐弯的盲道地面带来的不同感觉，同时也体会到盲道对于盲人朋友的重要性。最让孩子们兴奋的是将自己的绘画作品通过机器扫描变成"动画"。"看！这是我的飞船！""哈哈，我画的汽车开起来啦！"充满科技感的游戏激发着孩子们的求知欲和探索欲。

天空之城

以天空为主题，开启孩子的好奇心，用蓝色童话开启对未来的探索，分为"攀上云霄""千军万马""节日来了"等几个区域。

天空之城也以"东方智慧"为主题，鼓励孩子认知自我，培养其好学善思、勇敢坚毅、善于协作的多元品质。孩子们穿梭在天空之城中，可以修葺城墙、寻找宝藏、攀爬云梯，也可以和飘浮在空中的"云朵"一起游戏。孩子们还可

蝶舞丽景
蝶文化理念下的幼儿园实践故事

以在天空之城了解中国传统节日的风俗习惯，通过民俗游戏培养团结协作的精神，提升勇气和力量。

这里像一个大城堡，看到高高的滑梯，孩子们迫不及待要进去游戏，在不同的通道中都能看到孩子们快乐游戏的身影。孩子们在不同空间的层面攀爬、在滑滑梯中感受重力，在风力实验室里感受风力的作用，一时间天空之城里充满了孩子们的欢声笑语。

来到"节日来了"这个游戏区域，孩子们异口同声地说道："好漂亮啊！"在"节日来了"区域，可以领略很多传统的习俗文化，感受喜庆的氛围。

"为什么叫'节日来了'，你们知道吗？"场馆里的老师问道。

"因为是过节的地方。""是春节。""有好吃的，还有好玩的！"孩子们大声地回答。

在这里孩子们可以体验"过年放烟花"，感受"火柴"点击屏幕后烟花绽放的画面；可以用手在屏幕上写"福"字，手停"福"字立即出现在门上；还可以一起"赛龙舟"。

"我们在过年的时候会有舞龙、舞狮表演，你们看过吗？"

孩子们兴奋地说道："我们幼儿园的哥哥姐姐表演过舞龙。"

在这里孩子们还可以体验"舞狮"，通过地面上显示的灯让"狮子"舞动起来，孩子们依托先进科技体验着别有一番风味的传统文化。

神秘水世界

以水为主题，调动孩子的所有感官，在探索中感受与水嬉戏的快乐。

看到流动的水，孩子们兴奋极了，老师帮助穿上防水罩衣后，孩子们迫不及待跑进了游戏区。这个游戏区很大，水从高高的地方流下来，中间还有摆放水闸的位置，可以供孩子自己设计操作，探索水闸开合，感受水流通过控制阀门为小船开辟多条路径。

第五章　成功的体验，快乐的成长

　　来到水世界，孩子们的小手就离不开啦。孩子们摸到一个开关，能滋出水来，水打到对面的小乐器上，发出"叮铃铃"的声音，琪琪发现了这个秘密，大声呼唤同伴："睿睿快来，这里能出声音。"浐浐流水的小坡上，喵喵看到有一个泡沫小船，从上面顺着水流流下来，高兴地欢呼："真好玩！"其他孩子们看到了，也想跃跃欲试，但小船只有一艘，这可怎么办？豆豆说："那边有好多乐高玩具，我们拿它们当船吧。"尝试之后，豆豆发现乐高积木果然能从水面上流下来，开心得手舞足蹈，其他同伴看到了也都拿起一块乐高积木，玩了起来。看到孩子们成功后的喜悦，我们追问道："为什么泡沫小船和塑料积木都可以浮在水面上，顺着水流下来呢？"孩子们想了想，开心地说："我在家洗澡的时候就发现这个秘密啦！这种泡沫和塑料玩具都可以浮在水面上。"于是我们鼓励他们继续探索可以浮在水面上的物体。

　　神秘水世界调动孩子们所有感官去探索自然元素"水"，与水嬉戏不仅让孩子得到快乐，更寓教于乐，让孩子在游戏中观察和认识水，发现水会流动，会蒸发、会凝结成冰，也会承载物体，水是自然界中的组成部分。

　　在宋庆龄青少年科技文化交流中心，孩子们可以亲身体验、动手操作、探索感知，在游戏中发现科学的秘密。

蝶舞丽景
蝶文化理念下的幼儿园实践故事

宋庆龄曾说:"儿童是我们的未来,是我们的希望,我们要把最宝贵的东西给予儿童。"这里,是承载着她的教育理念的一片热土;也是一座教育的宝藏,带给孩子们无尽的惊喜、乐趣和收获。孩子们在游戏中启迪、益智、怡情和健体,希望通过这次活动可以在孩子们幼小的心田中种下一颗兴趣的种子,慢慢地生根发芽,枝繁叶茂,结出更多的智慧果实。

第五章　成功的体验，快乐的成长

小小设计师

苌静雅

初夏，清晨，丽景幼儿园里开始了这样一段有趣的谈话。

丽景娃："园长妈妈，我们想邀请爸爸妈妈来观看我们的戏剧表演。"

园长妈妈："宝贝们，你们想怎样邀请爸爸妈妈来到丽景幼儿园呢？"

"我们可以请老师给爸爸妈妈打电话。"丽景娃说，"或者去门口接爸爸妈妈！"

"还可以发给他们门票，就像看电影那样。"

"哦？真是个好办法。可是我们没有门票呀。"园长妈妈说。

"我们可以自己制作，把最漂亮的门票送给爸爸妈妈。"丽景娃一拍脑袋。

就这样，一场艺术节门票设计竞选活动在丽景幼儿园悄然展开……

2019年5月22至23日，在教师的组织下，门票设计、竞选活动如火如荼地开始了！

班级门票诞生

绘画不仅是孩子发现美、表达美的有效途径，更是孩子们内在思维的外显形式，也是他们用符号记录事物的方式。带着对艺术节活动的期待，孩子们用稚嫩的画笔描绘童心，构建他们对于艺术节活动的理解，呈现的门票亦各具特色。最终，各班孩子们选出了自己心仪的门票。

视频拉票

孩子们投票选出代表班级的门票后，由设计者作为小代表拍摄视频，为班级作品拉票。尽管孩子们的演讲稚嫩、略带羞涩，充满童真，但孩子们努力的样子却令人感动。

全园投票

各班小代表带着自己设计的门票参与最后的竞选，选出丽景幼儿园艺术节门票。在小小的展示台上，陈列着设计感十足的门票，孩子们逐一进行投票，选择自己心中所满意的门票。经过两轮激烈的角逐，中三班的设计脱颖而出，当选本次艺术节的门票。

中三班孩子们的一封信

竞选结束，中三班孩子们在给全园孩子们的一封信中表达了自己的感谢。

我们的门票
——给丽景幼儿园小朋友们的一封信

我们中三班小朋友精心设计了"院子里的故事会"主题艺术节门票。每个人都参与到绘制的过程中，这里面汇聚了我们的智慧，最后我们共同选出一张最满意的门票，带着它参加全园评选。经过全园小朋友代表的投票，我们中三班非常荣幸地获胜了，谢谢大家的支持！

第五章　成功的体验，快乐的成长

门票上设计了彩虹，因为我们觉得彩虹是五颜六色的，代表着快乐和幸福。我们丽景幼儿园就是一个色彩王国！不仅如此，我们还在门票上绘制了五彩的幼儿园，代表着对幼儿园的喜爱，因为我们觉得丽景幼儿园就像彩虹一样美丽。门票的背面是幼儿园地图，这样观众们就能够找到我们的小剧院。总之，我们的门票上汇聚了我们的智慧。

再次感谢大家选择中三班设计的门票！

中三班全体小朋友
2019 年 5 月 24 日

门票的设计活动结束了，但小小的门票似乎告诉我们，孩子们的学习随时随地都在发生，当教师真正理解孩子们"学习者"的特点，当我们真正明白我们身为孩子们学习的"支持者"时，我们便愿意俯下身来，用孩子的视角去发现美和创造美。

院子里的故事会

孟 娜　张凯鹦

"欢迎大家来到丽景幼儿园参加'院子里的故事会'戏剧展演活动!"

在园长妈妈与丽景的大朋友、孩子们亲切的交流中,我们的成语戏剧展演揭开了神秘的面纱……

"孩子们,你们有没有听过这样的故事——它们来自遥远的古代,名字大多是由四个字组成的,你们知道它们是谁吗?"

"我知道!"

"我也知道,一定是成语故事!"园长妈妈的提问可难不住聪慧的丽景娃。

"没错,就是成语故事。成语就是有道理的词语,孩子们学习成语可以了解历史,成为更聪明懂事的孩子。"

…………

全国教育大会提到:要在厚植爱国主义情怀上下功夫,让爱国主义精神在学生心中牢牢扎根。对学前教育工作者来说,我们做的是对人的一生的成长和发展都具有奠基意义的基础教育。

学前阶段相较其他学段具有独特性,如对事物的理解比较浅显,孩子需通过直接感知、实际操作和亲身体验获取经验,进行学习……我们既要做好对孩子的爱国主义教育,更要依据孩子的年龄特点开展有效的教育活动，在学前儿童众多的特质中我们抓住了"孩子喜欢听故事"这一特点开展活动。

本次"院子里的故事会"戏剧展演活动由10个班级通力合作，依据孩子"在体验和操作中学习"的特点开展，由孩子们自主编排，孩子们在理解故事的同时，对古人的说话方式、衣着服饰、建筑文化等方面都产生了极大的兴趣。这次活动以孩子兴趣为基点，以设置视频、家长进课堂、戏剧教育课程等多种方式帮助孩子丰富相关知识。

"老师，大舞台什么样啊？""老师，妈妈来看我表演吗？"在孩子们满满的期待中，我们终于迎来了孩子们的节日。小班的宝宝们第一次在快乐的蝴蝶乐园里一起过六·一儿童节，小一班的宝宝们表演了"守株待兔"，节目颇具趣味；小二班的宝宝们表演了"小猫钓鱼"，活泼天真，引人喜爱；小三班的宝宝们顺利完成了"狐假虎威"的戏剧表演，他们更自信、更喜欢表达了；小四班的宝宝表演了"乌龟的故事"，他们兴奋、认真，并且收获了自信。"老师，今天我们就要表演了，我好紧张啊！""老师，我觉得我们今天肯定能演得特别好！"上台前，中班的孩子们你一言我一语地说着自己的期待。一大早，大班的孩子们就做好准备早早地来到幼儿园，这是他们在幼儿园过的最后一个六·一儿童节了，经过忙碌的准备之后他们终于闪亮登场！形态各异的舞狮、齐心协力的舞龙，精彩的表演把活动推向了高潮，博得满堂喝彩。

在快乐的日子里孩子们诵成语、说故事，感受中国语言的魅力，成为传统文化的小小传承者。在这次活动中，老师和爸爸妈妈也为孩子们精心准备了精彩的节目，他们在舞台上跳舞、唱歌，孩子们看得格外认真！为了感谢家长对幼儿园工作的支持，幼儿园也给"朝阳区好家长"和"家庭教育征文"的获奖家长颁发奖状，为家园的紧密合作喝彩。

这次成语戏剧活动，丽景幼儿园以科研课题为依托，创造性地开展和实施。

蝶舞丽景
蝶文化理念下的幼儿园实践故事

作为幼儿园课程重要的组成部分，成语戏剧不仅是对儿童进行美育教育的载体，同时也承担着推进儿童综合素质与能力发展的重任。无论对儿童还是教师来说，成语戏剧都蕴含着丰富的教育内容，期待我们在实践中进一步发掘……

第五章　成功的体验，快乐的成长

我们毕业啦！

孟　娜　吕晓颖

教育部办公厅发布的《关于开展2019年全国学前教育宣传月活动的通知》中提到："将入学准备教育贯穿幼儿园教育的全过程，为幼儿今后的学校生活做好准备，为其终身发展奠定良好素质基础。"

丽景幼儿园高度重视教育部办公厅提出的这一要求，将幼小衔接工作列为园所重点项目，采用教研引领的方式，开展基于儿童视角的幼小衔接的相关研究，充分根据幼儿对幼小衔接的需求开展了一系列的活动课程，包括"我的课间十分钟""我的毕业照""参观小学"和"小毛毛虫在长大——草坪毕业营"等活动，帮助儿童和家长准确定位，做好入学准备。

"蓝天白云下有一个家，我们在这里快乐长大，花园开着美丽鲜花，美丽的幼儿园是我的家。"丽景幼儿园大班的孩子们愉快地哼唱着欢快的歌曲开始了"小毛毛虫在长大——草坪毕业营"活动。

园长妈妈对我说

丽景幼儿园的孩子们有一位共同的妈妈，她就是美丽善良、爱孩子、懂孩子的园长妈妈。面对即将毕业的大班孩子们，园长妈妈送上了自己的祝福。人们常说最好的教育就是爱的教育，但爱应给予的恰当，应以长远、理智的方式给予孩子健康深情的爱。带着爱的希冀，临别时刻，园长妈妈细细叮嘱着，希望每一个孩子在未来都能成为一名合格的小学生。

曾经的我

"三年前，我刚来到这里，玩具扔满地，还要发脾气，现在站在这里的还是我自己，脸上再也没有泥，手帕袜子自己洗……"一首经典的毕业诗道出了孩子们从拖着鼻涕的"小毛毛虫"，蜕变成长为"绚烂蝴蝶"的心声。而老师们也精心挑选出孩子们从入园到成为一名合格毕业生的精彩照片，当大屏幕滚动播放每位孩子的照片时，所有人都会大声念出这名孩子的名字，表达彼此心中的祝福。对于即将毕业的丽景娃来说成长虽历经风雨，但也充满欢乐，充满期盼。今天，这些丽景娃就要对曾经的自己道别，去开展新的学习生活。

草坪上的毕业典礼

"园长妈妈，我要毕业啦！""爸爸，你能再给我报一次幼儿园吗？我不舍得幼儿园。""我上小学之后会学很多很多的知识。"……即将要离开幼儿园的孩子们或是不舍，或是期盼，我们的心中也泛起即将离别的淡淡忧伤，但孩子终究要长大，终归要远去。在孩子们离开幼儿园前，我们给孩子们送上了一份成长礼物，举行了一次欢乐且有意义的毕业典礼。

在草坪上，一群快乐的丽景娃尽情地奔跑着，欢笑着。在魔术师叔叔的手

第五章　成功的体验，快乐的成长

上，一个个七彩泡泡应运而生。一阵风吹过，大大小小的泡泡飞过每一个孩子的身边，孩子们欢呼雀跃着捕捉身边的小泡泡。当魔术师叔叔把小泡泡变成可爱的小兔子、威武的恐龙装饰在孩子们身上时，引发了新一轮的高潮，孩子们都按捺不住自己，纷纷探索起泡泡的新式玩法。

在水池边，家长和孩子们打起了期待已久的水仗游戏，各种水枪喷出水来，或远或近，每一滴落在身上的水似乎都寄托了彼此的友谊和不舍。

草坪上，孩子们和自己的爸爸妈妈一起亲手搭建帐篷，装扮成草坪小屋，孩子们在彼此的小屋间穿梭，享受一起露营的美好和乐趣，也为未来留存一份回忆。

草坪聚会开始了，丽景娃们变身为小淑女、小绅士，和爸爸妈妈们盛装穿过毕业门，走上红毯，在背景墙上留下了自己的名字，并接受了园长妈妈亲手颁发的毕业证书，成为丽景幼儿园的第七届毕业生。

晚间的荧光舞会，孩子们和爸爸妈妈手持荧光棒，身穿草裙，伴随着优美的异域歌曲，翩翩起舞。点点星光映衬着夜晚，一顶顶小帐篷像盛开在草地上的花朵，孩子们在里面玩耍，不时传来爽朗的笑声。夜深了，伴随着蟋蟀的叫声，孩子们静静地睡着了。

但这注定是不平凡的一夜。半夜十分，突降暴雨，帐篷里的孩子们没有慌张，在老师和家长们的保护下，顺利到达高处的营地。清晨，雨过天晴，孩子们经历风雨，相互拥抱问候，彼此的情谊经此也更加深厚。这雨，似乎也是赶来送别的，愿孩子们铭记这不平凡的一刻，前途似锦，友谊长存。

着中华衣裳，兴礼仪之邦

孟 娜

"汉服"是中华民族传统服饰，衣冠体系延绵将近4000年，有着深厚的历史积淀。汉服中深衣的下摆用布帛12幅，意即一年有12个月；交领处成矩形，这代表做人要有规矩，所谓"没有规矩不成方圆"；衣带下垂到脚踝代表正直，下襟与地面齐平代表权衡，其中包含很多儒家思想。当人们穿上汉服，自然就会注意自己的言谈举止。由此可见，汉服里蕴含的文化内涵，代表人们追求平和自然、与世无争、宽厚仁爱的境界，由此塑造了汉服天人合一、飘逸洒脱的风格。此外，汉服也体现出穿着者的宽大、随和以及包容四海的气度。

传扬、继承中华民族的优秀文化，不仅是每一个中国人的责任，更是每一个教育者的责任。2019年9月，丽景幼儿园给孩子备上了一份特别的开学礼——把汉服穿进幼儿园。

在"国旗国旗真美丽，五颗星星照大地……"的歌声中，大一班的升旗手们精神抖擞地将红星红旗升到了北京蓝蓝的天空上，开启了丽景幼儿园2019年度的精彩生活。

继上学期"院子里的故事会"后，唐代大诗人李白小时候的故事"铁杵磨成针"就成为孩子们最喜欢的故事之一。所以，着汉服的"小李白"用清晰、简洁、洪亮的声音为所有的孩子讲述了这个故事，告诉大家新学期做事情一定要坚持。

古时，在开学的第一天，学童会早早起床来到学堂，由启蒙老师讲授人生最基本、最简单的道理，并学读书、写字，参拜孔子像后才可以入学读书。这一仪式俗称"破蒙"。这一天丽景的孩子们亦身着汉服，行开笔礼。

正衣冠

童蒙之学，始于衣冠；先正衣冠，后明事理。穿戴整齐，洁净，方正展示一个人良好的精神风貌。自正衣冠意味着孩子从此学做一个干净、整洁的人。师正衣冠意味着孩子从此学做一个谦逊好学的人。

拜师帖

师者，传道授业解惑也。道之所存，师之所存也，师道尊严，历代相传。
儿童奉上拜师帖，教师诵读师训：

学以勤百业，读万卷求识！珍身体发肤，健强身体魄！

知自尊自爱，而自信自强！敬父母师长，礼待以众人！

同心共休戚，关爱以他人！诚实守以信，担当己当责！

教师们期盼众学子严遵上述，早成栋梁！

尊师拜师

六礼束脩：行拜师礼弟子赠师者六礼。芹菜：寓意为勤奋好学，业精于勤；莲子：莲子心苦，寓意苦心教育；红豆：寓意红运高照；红枣：寓意早早高中；桂圆：寓意功德圆满；干瘦肉条：以表弟子心意。

朱砂开智

朱砂开智，又称为"开天眼"。古代学童入学读书前，都会有启蒙老师在学子们的额头正中央点上一颗红痣，称为点"聪明"。红痣的"痣"通智慧的"智"，园长妈妈带领老师用"点红痣"来寓意孩子们能够开启智慧，从此耳聪目明、心灵手巧，好读书、读好书、读书好。

开笔礼

中大班幼儿在老师的指导下学写"人"字，借此感受中华传统文化的特殊魅力。之所以选择这个笔画简单而意义深远的汉字，是希望孩子们在人生的启蒙阶段学会做人，知道做人首先要堂堂正正地立身，要像"人"字那样顶天立地。

第五章　成功的体验，快乐的成长

开笔，作为孩子去除蒙昧的开始，也是继承传承的开始，饱含了人们对于文化重要性的认同和对知识的渴求。丽景幼儿园希望新学期的"小毛毛虫"从"着中华衣裳，兴礼仪之邦"中体味中华民族千秋传载之深远文化，继今世中华之风采！

小脚丫登万里长城

孟 娜 李 超

清平乐·六盘山

毛泽东

天高云淡，望断南飞雁。

不到长城非好汉，屈指行程二万。

六盘山上高峰，红旗漫卷西风。

今日长缨在手，何时缚住苍龙？

这首词是我们伟大领袖毛泽东主席于1935年翻越六盘山时的咏怀之作。而词里的一句"不到长城非好汉"更成为家喻户晓、口口相传的名言。许多人甚至是外国人，都因为这句话而奔赴长城，攀登长城，长城似乎也成为一个人一生中必定要去的一个地方。

在丽景幼儿园，每一个孩子也有志愿成为"好汉"。在北京最美好的秋季里，我们开展了"小脚丫走天下——爱我中华 小脚丫登万里长城 亲子传承红旗情"的幼儿研学活动，让生长在长城脚下、生活在北京的孩子们，通过唱红歌、答题闯关、用脚步丈量万里长城的方式感受中国人民的智慧和中华民族的伟大，种下一颗"我是中国人我自豪"的种子。

第五章　成功的体验，快乐的成长

出发前，为保证活动的顺利与安全，也为增加活动的趣味性和竞争性，我们根据幼儿的年龄特点，将孩子们分为"云朵组""星星组""彩虹组""太阳组"四个小组，每一组都创编了朗朗上口的口号来鼓舞士气，如"太阳，太阳，宇宙最强！""云朵，云朵，天上花朵！"希望在口号的鼓励下孩子们能勇攀高峰，克服困难。

不仅如此，这次"小脚丫登万里长城"活动还设计了五个通关游戏，运用游戏的方式将攀登长城的路线串联起来，让孩子们在轻松愉快的互动过程中了解长城的知识，完成攀登长城的任务，感受中华民族的智慧成就，培养坚韧不拔的精神。

第一关：亲子歌唱，传承国旗情

"我和我的祖国，一刻也不能分割，无论我走到哪里都流出一首赞歌……"

伴随着孩子们和家长们优美的歌声，一面鲜艳的五星红旗从孩子们的头顶缓缓拂过，一双双稚嫩的小手高高举起，用同样温柔的方式拂过国旗。歌声里，拂动间，孩子们感受着五星红旗的质感，沉浸在五星红旗飘扬下的震撼中，他们幼小的心灵里也埋下了一颗颗红色种子。

163

第二关：对口令，闯长城

孩子们要和"守关大王"对上口令，才能通过此关。当守关大王喊出："不到长城非好汉"时，孩子们需要大声地对出："永攀长城不怕难！"回答正确才能获得通关印章。我们希望通过喊口号的方式，让孩子信心倍增地投入到下一阶段的攀登中去。

第三关：智慧答题大闯关

这是孩子们特别喜欢，也是趣闻多多的一关。

"万里长城有多长？"

"两万多千米。"

"孟姜女为什么会哭倒长城？"

"因为爬不上去呗！"

…………

在孩子们直率而欢乐的回答中，我们跟孩子的距离更近了，我们更懂得孩

第五章　成功的体验，快乐的成长

子的所思所想，而活动的气氛也变得格外热闹。在这一问一答间孩子们也了解了长城，对长城和宏伟建筑产生了兴趣，对祖国似乎也开始具有归属感，亦越发热爱祖国。

第四关：我来装点长城

孩子们拿起了画笔，为手中画本上的长城涂上鲜艳的颜色，装饰自己心中最美的长城。通过孩子们的画笔渲染，一幅幅好看的长城画作跃然纸上，美丽的图画与孩子们的笑脸相映成趣，绽放在巍峨的长城之巅。

第五关：不到长城非好汉

这一关是本次登长城活动中难度最大的一段路程，随着关卡数量的增加，长城的坡度越来越陡，要想通过第五关，必须要登上200多级台阶，而这些台阶上下层的高度约有80厘米，这对孩子们真是个不小的挑战。由于山势陡峭、台阶很高，孩子们攀登的方式就要变为"爬"，需要手脚并用才能完成，也因为难度颇大所以这关被设为"挑战关"。在攀登中，孩子们没有退缩，勇敢地拉着自己的爸爸妈妈"爬"了上去，登顶后欢呼雀跃，更是感受了一番"一览众山小"的开怀。

这样的结果令所有人感到惊奇，上至69岁，下至3岁，400余人，完成了攀登万里长城的"壮举"。活动尾声，家长们郑重地为孩子佩戴攀登奖牌，教导孩子们永远记住这份坚持和勇气，帮助他们积淀勇于蜕变的力量。加油"小毛毛虫"！加油，丽景娃！加油！中国娃！

根植爱国主义教育，培养社会主义建设者和时代新人是丽景幼儿园一直以来的教育初心和时代使命。在祖国母亲70周年华诞这个特别的时间里，我们组织了这次研学活动，让五星红旗不仅飘扬在巍峨雄伟的长城之上，更飘进了稚子心中，留下爱国与坚韧的印迹。

第五章　成功的体验，快乐的成长

消防安全记心间

刘 民　苌静雅

随着第三个全国消防宣传月的启动，为进一步推进平安校园建设，加强幼儿园安全管理，为师幼营造安全的校园环境，丽景幼儿园举行了"消防车进校园"活动。

2019年11月7日上午9时，一辆消防车缓缓驶入丽景幼儿园。他们是来自朝阳消防支队东坝中队的消防员叔叔们！他们要给孩子们带来一次生动的消防安全教育课。这次活动分为两个环节，第一个环节是参观消防车，听消防员讲解"消防车里的秘密"；第二个环节是体验互动，孩子们可以坐上消防车，看一看、摸一摸，可以与消防车和消防员叔叔进行一次零距离的接触。在总指挥刘民老师和李超老师的带领下，孩子们来到操场，首先映入眼帘的是那辆醒目的红色消防车。

"这是什么？"

"哇，这是消防车吗？我在电视上看见过。"

"老师，我们能上去看吗？"

"老师消防车好威风呀！"

"还有消防员叔叔呢……"

"消防车为什么要来幼儿园做客呢？"

第五章　成功的体验，快乐的成长

"我好开心呀，我最喜欢消防车啦！"

……………

孩子们对消防车充满了好奇，有疑问声，也有欢呼声。伴随着孩子们的各种声音，消防员叔叔们将消防车的每个侧门打开，消防车里的秘密立刻呈现在孩子们面前：灭火器、喷水枪、切割机、空气呼吸器、铲子等消防器材应有尽有，井然有序地摆放着。孩子们惊奇地看着，有的孩子迫不及待地向消防员叔叔问道："消防员叔叔，这个东西是什么？干什么用的？""叔叔，水车的水在哪里呀？""消防车怎么有那么多按钮，是干嘛用的呀？"

蝶舞丽景
蝶文化理念下的幼儿园实践故事

　　消防员叔叔们耐心地一一为孩子们介绍消防器材的名称及大概功能，如远距离供水的水带、扑灭小火的水枪，还有大火烧不坏的防火消防服……孩子们兴奋地围着消防员叔叔，眼神中充满了热切和崇拜。

在孩子们参观、认识了消防器材后，针对幼儿园孩子们的特点，用心的消防员叔叔们还精心做了准备，以寓教于乐的形式为孩子们及老师展开了消防宣讲，普及消防安全知识，并在现场与师生进行互动，用理论结合实践，使孩子们学习到了生活中常用的消防安全知识。这种体验式的学习让孩子们都乐在其中，也会驱动孩子们的内在动力；孩子们正处于幼儿阶段，抽象逻辑思维尚未形成，更多是具象的思维方式，需要实际的体验和探索来认知世界。这样的体验，远比单一的书本和枯燥的讲解来得更有价值。感受消防器材的重量和质感，立体全方位地探索消防车的内部构造，这些是我们以往的教学形式所给予不了的，而孩子们在这个过程中也学到更多。

活动后，孩子们意犹未尽，回到教室后仍继续和老师一起探索。我们延续消防车的话题，了解了中国自主研发生产的消防车，它的作业高度达到113米，有多功能登高平台，适用于35层以上高层、超高层大型建筑的救援、消防灭火和高空作业。我们告诉孩子们以前我们要从国外购买消防车，现在中国自己可以研究制造了，让孩子们也感受到我们的国家越来越强大，将民族自豪感根植于他们心中。

通过这次消防体验活动，孩子们不仅近距离体验观察了消防车、了解到消防安全常识，拓展了视野；更萌发了孩子们对消防员叔叔的敬佩之情，使他们更关注于身边的人和事，更愿意融入社会，发展自我。同时，这次生动的安全教育也使全体师生树立了消防安全意识，做到警钟长鸣，为构筑幼儿园消防安全"防火墙"奠定了良好基础。

第六章
积极的养育，幸福的成长

苏联著名教育学家苏霍姆林斯基曾把儿童比作一块大理石，他说，把这块大理石塑造成一座雕像需要六位雕塑家：一是家庭；二是学校；三是儿童所在的集体；四是儿童本人；五是书；六是偶然出现的因素。从排列顺序上看，家庭被列在首位，可以看得出家庭在塑造儿童的过程中起到很重要的作用，也在这位教育学家心中占据相当的地位。近年来，随着时代的发展，人才的需求，国民整体素质的提高，家庭教育的重要性越发彰显，需要家庭与社会、教育部门共同担负起教育下一代的任务。而现在，家庭教育的重要性已越发被大众所知，更越发被大家重视。这种趋势，在丽景幼儿园孩子们的家长身上得以凸显。更令人觉得幸运的是，在丽景幼儿园孩子们的家长身上，传统的中国家庭教养理念正在转变，新的积极教养理念正在实践。

给孩子说"不"的权利

大三班　董颜嘉爸爸董京

我相信我和天下所有的父亲一样，都很爱自己的孩子，几乎愿意付出一切来换取他们的无忧无虑、快乐安康，愿意倾尽所有给他们的未来做好充足准备。但在教育实践中，面对互联网教育信息大爆炸的现状，各种"专家"铺天盖地而来，一方面说孩子拥有一个多彩快乐的童年最重要，一方面又说快乐教育是中国教育界的"毒鸡汤"。"人生百年，立于幼学"，孩子的成长只有一次，我们都怕走错了路。在我的教育实践中，感受最深刻的就是适度的爱与教育不一定让孩子更成功，但一定能让孩子成为更完美的自己。

前几天，闺女所在的大三班被园里分配了升旗仪式护卫队的任务，班里的老师选择了敢于毛遂自荐的孩子参加此次光荣而艰巨的任务。活动结束后，老师将精彩的活动照片发到群里分享，照片里孩子们的父母都纷纷点赞叫好，其他家长也纷纷表示祝贺。而此时，看到照片中没有出现闺女，妈妈顿时有些失望，嘴里念叨着："为什么没有我闺女呢？闺女要是穿上护旗手的衣服肯定十分漂亮！"晚离园后，闺女像往常一样唱着歌，哼着曲地回到了家中。一进门，妈妈迫不及待但又温柔地问道："小漂亮，你今天为什么没有参加幼儿园的升旗护卫活动呢？"闺女被这突如其来的问题搞得有点莫名其妙，刚才清亮的声音瞬间低沉了起来，说："我不喜欢参加，我不喜欢让那么多人看着我。"妈妈以为

第六章　积极的养育，幸福的成长

闺女是因为性格内向、懦弱才会有如此的表现，于是开始灌入成年人世界里的"鸡汤理论"，动之以情晓之以理地讲"勇敢不是没有畏惧，而是最终战胜了畏惧"。

我听后，冲着闺女微微一笑，问道："你是不喜欢参加这个活动，还是因为你不敢呢？"闺女回答我："我觉得这个活动没意思，我也有点害羞，所以，才没有报名，爸爸我下次会努力报名的。"我明白了闺女的意思，对她说："小漂亮，没有关系，如果你觉得你对这个事情没有兴趣，可以选择不参加，这是你的权利；但如果，你认为幼儿园其他的活动很有意思，你愿意参加并和我分享吗？"此时闺女马上用欢愉的声音回答我："嗯，一定会的，分享是最快乐的。"我亲了亲她的脸颊，她又继续给全家人唱着她自己编的歌曲，歌曲的内容都是她在幼儿园生活的点点滴滴："幼儿园的蚊子升级了，不怕老师手里的驱蚊液了。""老师送我可爱的小礼物了。"歌曲充满浓浓的欢乐，演唱的过程中也完全没有表现出妈妈认为的懦弱胆怯。这时候，我对孩子妈妈说："你看，她并不是真的懦弱，只是对这件事情不感兴趣，不喜欢抛头露面而已，你不必勉强她做不喜欢、不擅长的事情。"

从小到大，我都会鼓励闺女做自己喜欢做的、自己能做的事情。例如，我会鼓励她自己穿衣服，自己洗漱；鼓励她分担家里一些力所能及的家务；鼓励她天马行空地画画，不限定色彩和内容，只是需要持之以恒；当她喜欢某一项运动的时候，我们会给她提供机会，但要求一定努力，并能克服困难。作为爸爸，我的身份就是她永远的支持者，给她更大发挥空间的同时也让她懂得，付出努力方可收获喜悦，正所谓"爱子，教之以义方"。

家庭是人生的第一堂课，父母是孩子的第一任老师。在孩子成长的道路上，父母也需要学习，父母要做孩子的领路人和支持者。孩子独立所需的所有心理素质和品格技能，不可能突然降临，而是从小到大从一件件小事里培养和锻炼出来的。比起让孩子长大后博取金钱和地位，我更希望让他们成为会选择、懂规则、有原则的真实的自己。

何为"兴趣"？

中一班　井芊惠妈妈傅珊

何为"兴趣"？字典里对这个词的解释为：喜好的情绪。

何为"兴趣"？对于快知天命的人来讲，忙于生活，兴趣等同于爱好，爱好往往奢侈，所以离自己太遥远，忘了。

有了孩子，"兴趣"突然成了高频词，成群的家长乐于市井闲聊，亦有"好事者"，喜欢堂前辩论，一时间，孩子的兴趣成了教育的热门话题，借"兴趣"加"班"的商家比比皆是。家长本着"不输在起跑线"的原则，蜂拥而至，不问缘由地让孩子"武装到牙齿"，什么游泳兴趣班、英语早教班、美术辅导班、体能加强班。好像上了这些班，自己的孩子就离哈佛、耶鲁更近了一步。

迫于现实，作为孩子家长的我们，选择直接妥协。毫不犹豫地参与了以家为中心方圆两公里内的所有兴趣班。有人问："你们有没有问过自己的孩子愿不愿意参加？"我直言不讳地回答："当然没有问。"答案其实每个成年人都清楚。我佩服那些放纵自己孩子随意去"挥霍"时间的家长，尽管一边夸赞他们的勇气，一边却暗暗窃喜起跑线上的优势。时间久了，孩子习惯了，我们也就习惯了。

于是，这个假期发生了两件事。

某一天，孩子被教练从水里捞上来，孩子突然暴走，说什么也不愿入水，泪流满面的同时已能清晰地用语言表述对游泳的深恶痛绝。作为家长的第一反应都是："想得美！我可是花了钱的，这么贵的游泳班，你说不游就不游？"于是，软硬兼施下，孩子坚持到了下课。看得出来，孩子肯定是不开心的，事后我也反省了自己，试问谁能当时做到！"恨铁不成钢"这类的短语像弹幕似地从眼前划过。

三天后，孩子在强迫下上完了游泳课，这一次孩子在游泳过程中没反抗，只是不时地抬头向家长观摩的玻璃窗前观望，那个眼神让我们心里不太舒服了。于是结束了课程后，我们决定带孩子去玩玩，算是家长知错不认错的补偿。玩的过程不用详述，只是过程中发生了一个"事故"，孩子在河边和其他小朋友戏耍时突然失足摔进河里，所幸舅舅身手好，一把将孩子捞上岸来。惊恐之余，我们检查孩子是否被呛到，万万没想到孩子的第一句话是："应该带上我的游泳衣！"这倒是让我们哭笑不得。

若干天后的游泳课，我鬼使神差地给孩子请了假，带孩子去了某儿童酒店，并明确地告诉孩子这个酒店最大的娱乐项目是玩水！孩子玩得很开心，最后是被生拉硬拽才回到房间休息。

这之后，我们没有过多强调和引导孩子对于游泳的兴趣，可是孩子却开始不再抗拒。原来孩子的兴趣是孩子自己对水的理解，而不是家长对水的理解。

如果说游泳是种技能，那英语学习就成了家长心中的求生本领，就连老一辈，都为了孙辈开始学习英文，可见家长对此的期许。从一岁多起，我们就开始给孩子报各种英文兴趣班，只要我们觉得可行，就从不犹豫。可语言的学习需要环境，天然的环境往往让孩子无师自通，我们自视有点英文基础，经常会为孩子创造一下语境，希望全方位、立体地为孩子营造英文空间。诚然如此，孩子虽然不抵触去英文兴趣班，可我们也觉得成效不大。

有一天，我们带孩子去看电影，她瞪大了眼睛看的，笑中带泪。我们觉得她应该是喜欢，于是又带她去看了这个故事的冰上芭蕾版，只是这一次，换了英文。就在故事中的公主高唱主题歌的时候，孩子突然开始跟唱，虽不是一字不差，但也八九不离十。只是平时给她多听了几次，万没想到会有如此效果，惊讶之余，我们再接再厉，有意引导她马上表演和这个电影故事有所关联的英文话剧，一瞬间，孩子的英文有如神助，表演得有模有样！瞬间的提高，让我们为她骄傲不已。

何为"兴趣"？原来孩子的兴趣是要经营的，不要用长辈的心去乾纲独断，要尊重孩子的意愿，想好每一个细节去助力即可！

既是妈妈，又是朋友

大二班　吴佩霖妈妈耿京金

时光荏苒，转眼间我家小儿已经是大班小朋友了。翻看着近几年来的养儿日志，回首有儿陪伴的这两千多个日日夜夜，我甚是欣慰，因为这些年我一直和孩子同成长，共进步！

记不起我翻阅过多少本育儿书籍，也记不起我曾和多少人探讨过孩子的教育问题……这一切的育儿信息经过"深加工"后，我认为家庭教育最重要的一点就是做孩子身边最亲最近的"良师益友"，做孩子成长路上最好的"同行者"。这些年来，我一直秉承这个原则，事实证明，效果不错，孩子一直在全面发展，健康成长。

首先要做的就是和孩子一起读书。

在孩子牙牙学语的时候，这项快乐的读书活动就在我和孩子之间开始了，从带DVD的幼儿画报，到带拼音注解的小故事……为自主阅读，我们每一个阅读的必经阶段都没放过！早早的读书生活，培养了孩子浓厚的读书兴趣，近些年来，我和孩子除了利用点滴时间在家开展亲子阅读外，更多的是去图书馆看书，大到北京的各个图书大厦，小到社区的小小阅览室，都曾留下了我们的读书身影。在图书馆里，除了有丰富多样的书籍可供孩子选择，还有着浓浓的读书氛围，让孩子在这一刻，沉浸在书香中，感受着读书的无限乐趣！读书，还要互动，我和孩子经常是先后看同一本书，看后互相探讨交流，感觉甚好！比如，我和孩子一起看过《狮子王》的电影后，观看了《狮子王》的系列图书，感受到《狮子王》里面的小狮子在面对挫折时不怕困难、勇于面对的良好品质。因为读书多，孩子在幼儿园跟小朋友的关系非常好。更为重要的是，通过读书，可以提高孩子修养，拓展孩子思维，很多做人行事的道理家长讲多少遍，也比不上看一本相关的书来得有效果。

其次，挖掘孩子的兴趣并加以培养。

兴趣，是最好的老师！发现孩子的兴趣和爱好不难，难的是能否可以一直坚持下去。孩子对各种棋类游戏感兴趣，因此我们共同研究围棋、中国象棋和国际象棋的玩法，每天晚上我们都要一起下上三盘棋相互切磋，在对弈的同时，增加互动，提高思维能力。

最后，充当孩子的"良师益友"。

校内学习，相对轻松，但小孩子定性不足，需要家长时不时地"敲打"和提醒。提醒多了，孩子觉得家长唠叨；提醒少了，又担心孩子上学"溜号"。如何把握好这个度，也不是件容易的事。我和儿子有一个共同的日记本，他在上面记录学习和生活中触及心灵的人和事，我则在旁边表达看法。通过这个日记本，我俩进行了一次又一次的对话，就这样，一本小小的日记连接起我和他的心灵。

每一个孩子的成长，都伴随着家长的辛苦付出，但这样的付出，何尝不是也给了我们一次重新学习的机会，让我们回到生命的最初，让我们有机会与孩子共同成长，充实自己美好的人生历程。养育孩子的路上，累并快乐着！

陪伴是最好的教育

大一班　董馨阳爸爸李程

我是胖爸，我的工作平常很忙，忙得我几乎没有时间回家几次。而这一次，我这个胖爸终于有机会经历宝贝的成长，去陪伴她经历人生中许多的第一次。

有一天我把宝贝和她妈妈送到姥姥家。第二天她妈妈说我走后宝贝问了她一句话"妈妈！爸爸啥时候走啊？"之后的对话说了些什么我再也没听进去。有点沮丧！有点郁闷！有点不知所措！心里犹如被浇了一盆冷水般难受。难道宝贝不喜欢和我待在一起？最近看着宝贝很开心，我们一起玩得很愉快啊！宝贝妈妈安慰我："不要多想，宝贝没有其他意思，你有点急了！"回家仔细回忆，才感觉有些许明白！这里给大家讲讲暑假的两个故事吧。

故事一

刚放暑假，宝贝开心了两天，家人就说："玩儿天了，该开始写暑假作业（孩子的课外班作业）了。"我自告奋勇说："好，今年的暑假作业我看着写。"第二天我们就开始写暑假作业。第一天我并没有让宝贝直接开始写作业，宝贝在我的引导下写了一个"暑假作业完成计划"，计划内容是宝贝自己写的，这个暑假我将陪伴她按照自己写的计划完成作业。在这个"暑假作业完成计划"之前我又加了两步：第一步，总结上学期在幼儿园的学习生活中有哪些优秀的方面；第二步，总结上学期有哪些做得不足的地方。两个上学期总结、一个暑假学习及游戏计划，宝贝写起来虽然很困难，但还是用一个早上完成了。因为我要保证宝贝暑假每天都能有时间玩耍，因此在暑假计划中安排每天早上8点起床，起床后出去外面转一转呼吸新鲜空气，9点开始写作业，写到中午12点结束，下午可以任意玩。

真是很佩服我家宝贝，我想暑假里每个小朋友都爱睡懒觉，不喜欢早起，没有学校和老师监督，总要几天适应期。但从第二天开始宝贝完全按照计划执行，我认为宝贝这个计划又能学习，又能玩，内心洋洋自得。有一次我们朋友聚会，有人问："宝贝，你爸爸今年暑假一直在陪你，你开心吧！"宝贝说："开心啊！"紧接着又说："我爸回来改变了我的人生！"（现在回想是有些无奈的回答）大家都在起哄和夸奖宝贝会说话，而我知道"暑假作业完成计划"让宝贝有些不舒服，本来宝贝想假期里可以想干什么就干什么，哪知道还要按计划。

故事二

还有一次，开学一周了，周五我去接宝贝回家，回家路上我问宝贝在幼儿园是否开心。她说她很开心，但我接着便说："暑假你创作的作品做完了，但是你的那个《糖果世界》是个系列，你已经画了四幅画，开学了可以一直画下去，比如说每周一幅。你说好不好？"宝贝抬头深情和开心地看了我一眼（后来我发现是自作多情了），我当时认为没问题了，就带着她吃着雪糕开开心心回家了。

周日，吃过午饭我们开始讨论画画的事，这时候宝贝开始耍赖不画，讨价还价，横竖就是不画，直到宝贝和我这胖爸不欢而散。最终还是宝贝妈妈出面调和才将此事翻过。也就是这件事之后的第二天下午，才有了那句："妈妈！爸爸啥时候走啊？"看到这里大家可能明白为什么了吧。宝贝从一岁到五岁都很乖很听话，都是在妈妈的教育下长大，而我一回来就开始改变，让宝贝按照我的思维方式学习，宝贝肯定不习惯。

之前宝贝一直听我的，没有表现出有抵抗情绪是因为我从来没有陪伴她这么长时间，她在尝试着配合我，心想爸爸待的时间从来不长，过几天走了就没事了，哪知道我这次待的时间长，都开学了还在，宝贝"无望"了！我这个胖爸开始懂了。

在这里给其他不经常带孩子的爸爸们也悄悄提个醒：没错！孩子是我们的，我们是爸爸。但就如黎巴嫩诗人纪伯伦的诗里所说一样：

你的孩子，其实不是你的孩子，

他们是生命对于自身渴望而诞生的孩子。

他们通过你来到这世界，却非因你而来，

他们在你身边，却并不属于你。

你可以给予他们的是你的爱，却不是你的想法，

因为他们自己有自己的思想。

....

最后，我要说对孩子最好的教育就是陪伴，而不是强迫让她接受你的思想。

让最好的我，唤醒纯真的你

小二班　柯彦希妈妈马晨

曾经，德国哲学家雅斯贝尔斯的著作《什么是教育》里说到："教育就是一棵树摇动一棵树，一朵云推动一朵云，一个灵魂唤醒另一个灵魂。"

初为人母，一切都是崭新的，未来如此可期，莽撞地想把最好的给孩子。那时，很庆幸，这样一句动人的教育哲言点醒了我。所谓好的家庭教育，不过是父母先做最好的自己，然后以言传身教的方式引导纠正孩子的万千姿态，以最好的我们，来唤醒最纯真的宝贝。

拂过时光的垂影，一转眼孩子从呱呱坠地的小婴儿长成了咿呀学语的"小大人"，因为小天使的降临，我的生活也随之圆满丰盛。我曾是一名儿科急诊护士，因为工作的特殊性，每天大多数时间都要忙于急救工作，我深知医疗服务行业要先顾"大家"，后顾自己的"小家"，我只能把照顾孩子的责任假手于父母。那时姥姥和奶奶每月交替照顾希宝，老人家对于孩子总是过于宠爱，希宝的吃喝拉撒姥姥一手包办，以至于孩子的什么事都让姥姥帮忙。奶奶稍有教育觉悟，总是试图教希宝自理一些力所能及的事情，我也试图和姥姥沟通，不要娇惯、溺爱孩子，希望老人能够配合我共同教育孩子，但收效甚微。白天本就没有时间亲自陪伴照顾孩子，还要时常倒夜班，作为母亲，我知道我陪孩子成长的时间太少了。上班时我必须打起一百二十分的精神面对高强度、高压力的工作，下班后我像泄了气的皮球，累到不想说话。在工作和孩子之间我曾彷徨、纠结过，可是我深知孰轻孰重，错过了孩子的童年，也许要用后半生的时光去弥补遗憾。于是我毅然决定辞去儿科急诊护士一职，全心全意陪伴孩子成长。

希宝是一个很有规矩的孩子，凡事第一次做是什么样子，往后也会按这个标准去做，我们都希望自己的孩子做事情有条理、听讲能够专注，可这些好习惯并非是一天就能养成的，正确的教育和良好的沟通非常重要。

"哇……我还要再看，妈妈，我还想再看一集……呜呜……"明明约定好只看一集动画片，可是希宝开始耍性子，以哭闹威胁。

"不行，我们说好了只看一集，明天才能再看，iPad看太久对眼睛不好。"我开始耐心给希宝讲道理。

"以后，妈妈陪你一起，好吗？妈妈也不多看手机，我们互相监督！"情绪散尽，希宝哭红着眼睛不再闹别扭，就这样，我们第一个约定就这样开始了。为了希宝，我开始严格控制自己看手机的时间，以身作则带动希宝学会自觉。刚开始希宝虽然满口答应我们的约定，可是一旦被有趣的动画故事吸引后，就有点不情不愿，舍不得放不下手里的iPad。有一次看入迷的希宝居然调皮地说道："妈妈，我们悄悄地可以看时间长一点，不告诉爸爸就可以了。"面对童言无忌的孩子，我从不发脾气，而是循序善诱地陪伴孩子走出家门，感知世界的多姿多彩，体验外界的丰富生活。除了iPad里的童话世界，我们尽可能地让希宝的童年生活也色彩斑斓，有和爸爸一起潜水的"海底探索"，有和动物园里的小鹿互动的有爱瞬间，还有早教班里亲子游戏的快乐时刻……没有生硬的说教，多是行动的引导，没有声色俱厉的训斥，而是温和耐心的陪伴和交流。渐渐地，希宝学会了观察生活，看到了比iPad更有趣的美妙世界。

"妈妈，我今天只看一集动画片，你也只能玩一会儿手机哦，然后我们一起看画书。"不知不觉，希宝已然变成了学会自我管控的"小大人"，时间流淌如细沙，而眼前这个可爱如蔷薇般的小女孩正在长大，这是我最幸福的收获。

因为希宝，我和爸爸变成了更加富有爱心和耐心的人，因为希宝，繁忙疲倦的工作生活里多了无穷的乐趣。我们在孩子的恩赐中努力变成更称职的父母，尽可能地做到品格上的完美。我们相信在充满爱的家庭里长大的孩子，她们心中那种强大的自信和安全感，是模仿不来的。而希宝也跟随着我们的步伐，走出了有模有样的童年步调。

"希宝，要吃饭了，到了我们的洗手时间，快和妈妈一起洗手吧……"

"妈妈，今天我的手洗得很干净。"

"希宝，出门后不可以随便买零食哦……"

"今天希宝真听话，买了小猪蛋糕后，虽然很想要草莓蛋糕，但不哭不闹，懂得下次再来买。"奶奶骄傲地说。

"希宝，你看妈妈是怎么提裤子的……会了吗？"

"妈妈，你看，你看我会提裤子了，也会穿鞋子了。"

"希宝,你今天可真棒！"有时会跟妈妈撒娇,要耍小无赖让我帮她提裤子，我总是鼓励她要自己完成，虽然自己提得不太美观。

时光如同柔软的羽毛，呵护着希宝快乐成长，从初始的懵懂到现在的懂事讲理，希宝长成了亲人们喜爱的样子。而我深刻体会到，教育是感染，是唤醒，是引领，从我蹲下身的那刻起，当我愿意打破曾经重新自我塑造时，我便赢得了与孩子共同成长的珍贵契机。

转眼到了上幼儿园的日子，让我欣喜的是，这个活泼开朗的孩子居然格外懂事，还会帮助老师维护秩序。可是让我担忧的是希宝太挑食，不爱吃青菜。和众多幼儿园的小朋友一样，青菜成了宝宝们讨厌的食物。为了让希宝从内心接受青菜，我也时常领着希宝读关于食物的绘本，让她了解青菜富含的营养成分是我们身体不可缺少的，告诉她吃青菜能帮助小朋友们快快长大。每次吃饭

第六章 积极的养育，幸福的成长

时，我都会陪着希宝一起吃青菜，刚开始希宝总是觉得难以下咽，但看着她认真咀嚼的模样，我知道她在慢慢尝试，慢慢习惯。

"妈妈告诉你一个秘密，妈妈小时候跟希宝一样，也不喜欢吃青菜。"

"啊？！原来妈妈小时候也不喜欢吃青菜？"希宝捂着小嘴，眼前这个她格外依赖的母亲，原来小时候也是个"挑食鬼"，这让她又惊又笑。

"可是为什么妈妈现在喜欢吃青菜？"希宝又疑惑地问。

"因为只有好好吃菜，才能快快长大，快快长高哦！希宝要不要像妈妈一样高？希宝回家总是想要自己按电梯，但现在还不够高，对不对？"我鼓励道。

"要！我想比妈妈还高，我就可以自己按电梯了，我也要吃青菜。"

没有秘密，没有负担，母女间亲密平等地聊着"吃青菜"这个童年小难题。希宝从我的话中理解了青菜是饭食中不能缺少的食物，也开始从心底慢慢愿意吃青菜。其实，孩子们的小困难在成人眼里根本不值一提，可是，当我们愿意真诚平等地去沟通、鼓励时，孩子的自信也会随之而来，因为有爱与陪伴，他们便有了足够的勇气和力量迎难而上，不再恐惧。我相信在成长中让孩子感受到鼓励和温暖，那么烦恼也会成为甜蜜，这样她们才能展现阳光自信的模样。

人们常说，女儿要富养。而我认为，精神上的富足才是最为宝贵的人生财富。我希望自己是个精神富足、生动有趣的人，我努力用自己的精神世界唤醒孩子斑斓美好的童年。我希望女儿纯真的品格让她在今后的生活中懂得底线，明白尊重；我希望女儿有趣的灵魂让她在日后的人生道路上快乐无忧，有苦也甜；我希望女儿自信的意志让她即使面对挫折也翘首微笑，从容不迫。当然，我也深深知道，我渴望女儿长成的模样，正是我现在的影子。所以，努力做最好的自己，用希望浇灌希宝心中的纯真之花，静待花开。

大大的世界和小小的你

小四班　张宸溪妈妈郭璇

"你的眼睛，像颗水晶通透，里面有一个无穷无尽的宇宙。小小的你，在你小小的梦里，把我所有大大的事情都吹进风里。"我很喜欢这首陈奕迅的歌，似乎唱出了世界上每个初为人父、初为人母的我们最真实、最原始的感受。

我在三十岁的盛夏，迎来了宝贝儿子卷卷。巨蟹座、O型血、皮肤白、眼睛大、双眼皮、单侧有个大酒窝。作为"独生子女"的"独生子女"，他集万千宠爱是必然的。卷卷两岁以后有次上早教课，当所有小朋友愣愣地坐在父母怀里听老师讲故事时，我的宝宝，早已自己爬上了窗台，然后回头用最大音量向全班喊"下雨啦"。他还是个"小领袖"，随时能带着全班同学在班里疯跑。如果看过《窗边的小豆豆》，认识巴学园里的那个小捣蛋，大概更容易想象卷卷的个性。

没错，作为一个同样淘气的妈妈，我和卷卷打成一片。我们在下雨天踩水坑！玩滋水枪弄湿全身！一起去滑雪、潜水！在两岁半之前，在保证安全的前提下，卷卷过着没有任何约束的霸气生活。直到有一次，早教班老师发来了同龄的宝宝唐诗倒背如流，数字、英文样样都行的视频，我们看着卷卷，有些担心了。

"要不要背唐诗？"

"我不背。"

"背一个吧,求求你了!"

"我不背。"

"背一个,给你糖吃。"

"我不背。"

在无数次这样的对话无果以后,家人们开始发表意见:"他这样总玩不行的。""别的孩子都开始学东西了。""你不管他以后上学怎么办?"……也许是迫于压力,也许是耐心告急,"满分妈妈"终于对卷卷暴躁了。

还记得那天,我"强迫"卷卷背一首汉乐府《长歌行》,连哭带闹的过程已经不堪回首,总之,我的表现很不可爱,很不友好。虽然最终达到了目的,卷卷把一整首小学六年级的长达10句的五言乐府诗背得滚瓜烂熟。但我也不知道,这样要求他,到底对不对。我开始担心,卷卷一定不会再喜欢我了。

就在那时,挂着满脸的鼻涕和眼泪的卷卷和我说:"我背完'青青园中葵'了,可以玩了吗?"我点点头,卷卷顿时破涕为笑,拉着我走向他的玩具火车。我一把抱起我的小心肝,把他最喜欢的"举高高、荡秋千、转圈圈"都玩了个遍,直到他乐得前仰后合。

我很惭愧,因为我完全没有想到,我的卷卷不仅没有生我的气,反而包容我、信任我。

这次之后,我决定不再难为我的小宝贝了,那些数字、英文、汉字,对他来说也许太过枯燥,实在爱不起来。我转而让他接触音乐、绘画和各种运动。现在,他会唱很多歌,最喜欢听我弹《小星星》;他的画像毕加索的画,好像述说了他内心缤纷的想象;他还学会了平衡车,喜欢上了游泳。

我很羡慕那些小神童一样出口成章、博学多识的孩子,但是我更尊重和期待我的小淘气。一位教师朋友和我说,每个孩子都是独一无二的,如果他是大树,就让他枝繁叶茂成为栋梁之材;如果他是一棵小草,就让他坚毅挺拔装点大地。是呀,我的小卷卷,未来的你会是什么样呢?

我想和卷卷说，无论你怎样，我都希望，你的眼睛永远像水晶般通透明亮，看世界的美好，做想做的事，成为想成为的人。更重要的是，妈妈感谢你的陪伴，你的笑脸真的能驱散所有的烦恼。也许作为父母的我们未来会面临更多孩子学习上的压力和焦虑，希望我的小故事，能为你带来一点灵感。古语说得好"父母之爱子，则为之计深远"，把"爱"打点折扣，恰当地满足，不是对孩子的爱减少了，而是以另一种更长远、更理智的方式，给孩子更健康、更深情的爱。让我们的爱给予有度，尊重孩子成长，静待花开。

第六章　积极的养育，幸福的成长

我们和她的成长路

中一班　马缦薇妈妈乔莹

人们常说父母是孩子的第一任老师，也是孩子最持久的老师。父母的一言一行会影响孩子，父母的教育是根的教育，关系到孩子的个性发展，所以父母应以身作则。孩子的学习和教育是做父母最关心、最重视的问题，而教育子女是一个循序渐进的过程，不能急于求成，操之过急。

时光荏苒，一转眼闺女玖玖已经五岁，上幼儿园中班了。每次接她放学回家时，就会听见好多家长在说要给孩子报英语、数学等各种课外班。做父母的都有一颗雄心，都怕孩子输在起跑线上，但是却给孩子带来很多不应有的压力。孩子的成长是阶段性的，现在正是孩子童年最美好的阶段，我们不想因为这些繁杂的课外辅导把这个美好的阶段抹杀掉，不想让孩子投入那种"可怕"的竞争中，现在的孩子们从小学到大学毕业，承受了太多知识的"折磨"，真正快乐的时光就这么五六年，为什么不能在孩子最童真的年龄给予她最大的快乐呢！

作为孩子的父母，我觉得一定要给孩子正确的教育方式，学习应当是她因渴望而真正愿意的，而不是我们强迫的教育。我们不想让孩子过早地去接触那些课外班，我们想让她快快乐乐地成长，想让她享受她每个阶段该有的快乐。偶然一次，我们带玖玖去玩，无意间看到了孩子们在游泳，玖玖看得很认真、很专注。我问她是不是想去游一游，她很开心地点了点头，于是我们就带她进行了一次试游，刚开始时我很担心，但看到玖玖在教练的帮助下走进了泳池的那一刹那，我觉得我所有的担心都是多余的，她是那么勇敢，那么快乐，教练带着她在泳池内来回地走动，玖玖下意识地还在扑腾她的小脚，真是可爱极了。很快试游课就结束了，玖玖还是意犹未尽，出泳池时是那么恋恋不舍，当时我心里酸了一下，感觉我们平时给她带来的快乐还是少了些，也许不是她真正想要的快乐。回来的路上我们互相聊着天，我询问着她对游泳课的感触，是不是真的喜欢游泳，她开心地说："是的妈妈，我很喜欢游泳。"其实玖玖的性格一向比较谨慎，我希望借助游泳，她能够突破心里的胆怯，去发现自己的力量，敢于尝试更多，除了强身健体外，这也是给她报游泳班一个很重要的原因。

就这样，玖玖开始了她的游泳课程。早晨开开心心地出门了，这是玖玖正式的第一节课，但是到了游泳馆一切都变了，变得那么突然，有点让我措手不及，她内心的胆怯一下就展现了出来，衣服都不肯换，站在体能教室里号啕大哭，对着我喊："妈妈，不要不要，我不想学游泳了。"我很冷静地走到她跟前，慢慢地蹲在她面前，轻轻地抚摸着她的小脸蛋，告诉她："自信是迈向成功的第一步，一定要自己努力去克服自身的恐惧，这里这么多小朋友都是那么的勇敢，我相信玖玖你也会跟其他小朋友一样勇敢、坚强。刚才不是还在说等你学会游泳后，爸爸妈妈掉水里你可以救我们，你不想当爸爸妈妈的小勇士了吗？"玖玖带着哭声说道："妈妈我想。"我接着说道："对啊，那就要好好和教练去学习。"玖玖抹了抹脸上的眼泪对我说："妈妈我要勇敢，我不怕。"我笑着摸了摸她的额头，转身去了观看室。就这样玖玖内心经过和恐惧的一番较量后第二次进入了泳池。

接下来我们每周都会带玖玖来学习游泳，玖玖也逐渐地适应了游泳的课程，慢慢开始享受着这个过程。玖玖学游泳，从在池边踌躇，到下水后数次的呛水、啼哭，再到教练还没下水，就敢自己下水。这个过程中她的自信逐渐建立，更重要的是，她知道很多事通过自身努力可以做到。不断地挑战，相信自己，克服恐惧，逐渐懂得坚持就是胜利。孩子就是要从小事来锻炼意志力，这样她以后融入社会才能独当一面。每个孩子都有自己的个性和长处，作为家长要发现她们的长处去鼓励发展。

现在每当玖玖在水中"畅意遨游"的时候，都特别放松、自信与快乐。真希望她的一生都像鱼儿得水一般快乐、自由。我们和她的成长还在继续！

最好的我们在路上

中二班 纪然爸爸纪振中

准备开篇之时突然感觉自己责任重大，总结教育经验，现在谈起来尚早，因为在教育子女的路上，我其实是个"孩子"，也是个初出茅庐的"小学生"。我把近几年在育子方面的心得体会，总结成以下几点进行分享，希望我们在育子的路上共勉同行。

第一，培养孩子良好的生活习惯。我认为这是一切教育的基础和重中之重，包括生活、学习的习惯，因为这是家庭教育的集中体现。其实这方面我自己是有些惭愧的，因为我家孩子在养成良好习惯方面做得并不好，举一个小例子：孩子在家吃饭不能好好坐着，总想着玩，吃一餐饭的时间拖得很长，有时候会耽误很多事情，后来我听说他在幼儿园不是这样的，因为环境的不同，在家一直疏于这方面的管理和引导。逐渐我意识到问题的严重性，开始引导和规范孩子的一些行为习惯，这个说起来容易，做起来却很难，需要有耐心、有恒心、有决心、有信心。好在经过一段时间的引导，孩子在此方面有所改进。

第二，培养孩子包容的胸怀和开放的气度，为孩子以后的人生奠定高度。这方面也许大家感觉离孩子很遥远，认为可以以后再慢慢培养，其实不然。之前参加过一次幼儿园的家长会，园长讲的一句话我印象深刻，她说现在要开始培养孩子博爱、大爱的胸怀。我觉得说得很好，大到国家，小到我们自己的小家，只有培养孩子包容和开放的胸襟，才能够使他自立、自信、自爱。家长们总在讨论，孩子们的童年需要的是快乐，而快乐的源泉在哪里？如果一个孩子很自私，不懂得分享、包容、理解，那他怎么会快乐呢？

我每天有时间的话都要和孩子玩跳棋、积木、逻辑狗、飞行棋、营救海洋生物等游戏，开始孩子在玩的过程中总是要赖，不认输，因为他有他自己的想法需要表达，表现形式就是不讲规则、胡乱出牌。希望他比起结果，更能享受游戏的过程，并在游戏的过程中学习更多东西，从而开阔眼界，用包容的胸怀和开放的气度去处理事情。因此在游戏中我总耐心引导，经过数日与他"纠缠"之后，我发现他逐渐学会了协作、包容、理解和分享。比如在"海洋生物营救行动"中，他给我布置任务，让我和他一起参与爱护海洋、保护海洋生物、治理海洋污染等行动，而且这个游戏我们每天都会做。如此不断地培养他，希望未来的他有气度、有高度。

第三，培养孩子开放的思维能力，让孩子受益终身。这个做起来并不难，只需家长的全情投入和配合。大自然是宝宝最好的玩具箱，不要总是把他关在屋子里看电视、看手机，也不要总是把他放到课外班，应多带他到大自然中去看看山川、河流、湖泊、花草、昆虫等，你就会发现孩子的思维能力远远超过你的想象，他会提出很多很奇怪的问题：为什么风筝会飞？为什么蝉会叫？为什么水一直在流动？为什么突然下雨了？为什么柿子熟了会从树上掉下来？为什么会产生静电？许多问题你根本回答不上来，但是他们在思考，在琢磨，在这个过程中，他思考的维度不断增多，思考的广度不断开阔，思考的深度不断精进。

随着年龄的增长，孩子的心智逐渐开始健全，主观意识也越来越明确，会有自己特定的想法，可以独立思考问题。我们家长需要做到的是学会尊重和理解孩子的想法和行为;学会陪伴孩子,不是简单地放手给老人看,父母的陪伴是无人可替的;学会教育,不只是单纯花钱报课外班,而是因材施教,不断努力去发现孩子可爱的闪光点,着重引导和培养。

养育的道路上你我同行,孩子是家长的希望,家长要做孩子的引路人,引领他不断前行。

遇见孩子，遇见更好的自己

小一班　田徽杭妈妈廖扬子

每一个孩子都是上天赐给家庭的天使，天使的降临带来了欢乐和幸福，每一次看到孩子无邪的笑脸，都让我的整个人生充满了阳光。我们常说可爱的孩子像一张纯白的纸，可以肆意挥洒，可以五彩斑斓，而第一次为人父母的我们又何尝不是呢？

我是一个"爱玩"的妈妈，即使孩子刚出生没多久也关不住一颗"躁动的心"。所以从田宝刚过百天我就开始带着他"环游世界"，无论走到哪里，我都会和他聊聊那里的树、那里的动物、那里的建筑，等等，虽然大部分时间都只是我在说，他在听。家里的长辈经常和我说，孩子这么小，你带他去玩他长大了什么也记不住。但是我相信，让孩子从小接触到丰富的环境和新奇的内容，就如同我们成人的读万卷书和行万里路一样，摄取的内容越多，实践的机会就越多，见识越广阔，学习的能力就越强，处理问题的思路也越多样。即使将来他长大了，可能会忘记曾经和爸爸妈妈走过的地方，但是在沙滩上抓小螃蟹，在森林里听鸟叫，在草原上肆意奔跑，这些快乐而自由的感觉会永远伴随着他成长。

发现孩子的成长，总是在你意想不到的时候。还记得田宝刚满三岁的时候，在带他去旅行的飞机上，为了打发漫长的飞行时间，我们一起随手翻了翻飞机上的杂志。突然，田宝指着其中一页的飞机插图问我，"妈妈，这个飞机怎么起飞了不收起落架？"这个问题突然把我问懵了，我探头看了看他手里的插图，果然一架带着轮胎的飞机在蓝天白云上飞行，明显是后期处理过的图片。我只好尴尬地模模糊糊给他解释，这个图是为了杂志效果处理过的，不是飞机实际飞行的照片，杂志编辑还不如田宝细心。尽管这件事对我们的旅行没有任何的影响，甚至后来回程途中又翻到这本杂志的时候谁也没提起这个小小的意外，但是我却意识到即使是刚满三岁的小朋友，他对生活的观察，对所谓"正确的事"的严谨都是超越大人的。

为了印证这个"善于观察"的"小大人"是不是真的如他表现出来的那么专注于他感兴趣的事情，我原本要计划进行试探，可没等我的计划出炉，日常里的一件事就让我对这个小子刮目相看。

像往常一样，我在厨房正在准备午餐，孩子在房间里鼓捣他的"乐高宝物"，突然就听到儿子带着哭腔喊我"快来快来"，我以为发生了什么不得了的大事，结果只是因为新买的"轮胎"和"轮毂"尺寸不合，拼不上他的"梦想座驾"。我瞥了一眼，并不在意地说："拼不上就别费劲了，说明你买的时候没有注意他们的大小型号，下回去店里配好了，再买回来就行了。"结果田宝不依不饶，硬要让我帮忙给拼装好，我却着急去做饭，很没有耐心地敷衍了他两句，就跑回了厨房。可等我做好饭叫他一起吃饭时，却看见他已经拿着他拼好的车在轨道上"实验"了。我惊奇地问他："怎么拼好的,不是装不上吗？"他却不以为然，专注于手里的"汽车"，只是淡淡回了我一句："本来就是一套的，轮胎上插个卡头儿就可以了，在杯子里呢。"当时的我既羞愧又震惊，很难想象一个三岁的孩子居然有这么严谨的逻辑思维能力和反复试验的耐心。吃饭时，我为我的不耐烦和敷衍的态度跟孩子道了歉。

这件事对我的触动很大，作为年轻一代的家长，我们也正在经历一些改变，不再总一门心思想要"教导"孩子，让孩子根据我们设定好的方向生长，而是认识到我们自身也需要学习和改变，父母需要与孩子一起"向阳而生"。

关于孩子要说的几点

中四班 段茗清妈妈张宁

家庭教育是孩子成长中的重中之重,原生家庭带给孩子的教育影响远远比以后学校和社会带给孩子的深远得多。

在孩子的教育中,我常注重以下两方面。

一是培养孩子健全的人格,树立正确的世界观、人生观、价值观。

我儿子四岁了,他开朗活泼,乖巧听话。在他成长的过程中,我们充分尊重他、理解他,有些事情会和他商量,不允许做的事情会告诉他原因。不轻易给孩子许诺,但答应了孩子的事情就一定会做到。我们还注意培养他的自信心,与人交往的能力,学习互助、合作和分享,引导他对弱者要有同情心,对小动物要有爱心。有些事情,当他做不到或是做不好时,他会情绪失控,哭闹,这时候,我们就会拥抱他,给他一些提示或帮助,和他一起完成这件事情。当他想做他这个年龄做不到的事情的时候,我们会对他说:"宝贝,你现在太小了,等你再长大一点,你肯定能做得很好。爸爸妈妈像你这么大的时候,还真不如你做得好呢。"这样,他的自信心就慢慢建立起来了。

我们经常鼓励他主动去结识别的小朋友,把自己心爱的玩具和朋友们分享。引导他在和同伴们玩的时候,学会照顾别人。例如,有小朋友来家里做客时,就告诉儿子,"你现在是小主人了,小朋友们来咱们家玩,你要好好照顾他们,这样他们才喜欢和你交朋友。"如果他做得好，就及时表扬他，这样，下一次有小朋友再来家做客时，儿子已经能做一个很好的小主人了。

在家庭教育中，还有个问题是"隔代亲"。爷爷奶奶和姥爷姥姥的那种无原则的疼爱，在儿子一两岁性格养成的时期曾让我们很无奈。有些给孩子立好的规矩在他们长辈那里往往就形同虚设。以至于孩子会认为，有老人在，就要任性放纵，和父母一起，就要乖巧懂事。这种情况让我们颇为头疼了一段时间，唯一的解决方法就是当老人不在场的时候我们多和孩子讲道理，上幼儿园后，没有像以前一样时时和老人在一起，情况也就好了许多。尽管有矛盾，但尊老爱幼是中华民族的传统美德，和老人一起时，我们都非常尊重老人，孝敬老人。我们的一言一行会让孩子在潜移默化中去模仿，儿子三岁时，吃东西就习惯先给爷爷奶奶、爸爸妈妈，然后自己才吃。

孩子是家中被呵护的对象。往往为别人考虑得少。我们就在日常生活中刻意提醒他。让他帮忙做一些小事。例如，帮妈妈扫地之类的事情，他乐意去做，而我们会在他做完之后对他说："谢谢你帮我的忙，我真高兴。幸亏你帮助我，要不我还得做很长时间，你真棒！"家人有些不舒服时，我们会让他去问候，帮助拿药片等。家里老人过生日的时候，儿子会一大早去给老人唱生日快乐歌。我们帮助他逐渐养成关心别人、乐于助人的好习惯。

二是培养孩子良好的生活习惯，与孩子共同健康成长。

良好生活习惯的养成是孩子成长过程中一个很重要的方面。我们一直注重孩子良好生活习惯的培养，他自己能做的事情，就尽量让他自己做，如吃饭、洗衣服（尽管洗不干净）。孩子有了成就感，他就愿意去做。例如，他玩完之后，让他把玩具收拾好；让他自己洗脸、刷牙，自己上厕所，等等。每次做完都给予恰当的表扬，让他对管理自己的事情有越来越高的积极性。孩子看电视、电脑时，我们会给他规定好时间。"再看十分钟电脑，然后帮我把电脑关上，咱们好睡觉。我看臭宝能不能做到？"刚开始孩子肯定有一些不乐意。但是定好的规矩，就一定要严格执行，就算他有些情绪，我们也故意忽略，用其他事情转移他的注意力（如讲故事）。几次之后，他就会在规定的时间自己关了电脑。

　　陪伴儿子成长的四年多时间，最大的感受是与他一同成长是一种享受。尊重孩子，关爱孩子，用孩子的眼光去看待这个世界，这样，在孩子健康快乐成长的同时，家长也有着一份收获的喜悦。作为家长，我们也会不断提高自身素养，学习有关现代家庭教育的知识，全力配合好学校的工作，让孩子在健康、友爱的环境中长大。

"老虎"拿回来了

中三班　李子鑫妈妈张洋

特特是丽景幼儿园中三班的小朋友,他有一张圆圆的脸,圆圆的皮球肚,还有双胖乎乎的小手,个头偏高,是个可爱的小伙子。你要问他是哪里人?他会特别自信地说:"我是北京纯爷们儿!"

在特特上幼儿园小班时,发生了一件事,给了我诸多思考。小三班的特特,语言表达尚好,我们平时经常让他跟别人去交流,小家伙头脑也比较灵活,善于思考。一天,老师让每位小朋友带关于"老虎"的物品到幼儿园,便于幼儿园开展本学期"狐假虎威"的舞台剧表演。同时也让小朋友们更形象、更具体地认识老虎等动物的形态,便于小朋友们生动形象地在舞台上表演。家里有个塑胶的摆件,特特一下就想到了它,这是带他出去旅行时买的一整套动物:有老虎、大象、狐狸、狮子、长颈鹿……第二天按照学校要求,特特将"老虎"带到了幼儿园,晚上回家跟我说,他带的"老虎"特别逼真,老师小朋友们都很喜欢。

半个月过去了,有一天晚上,特特从书包里拿出来之前交到幼儿园的"老虎",我惊讶地问:"老师不用了吗?"他得意扬扬地大声说:"妈妈,我把'老虎'给拿回来了!""你怎么拿的?"我惊讶地问。"妈妈,我是逃过了三个老师的眼睛拿回来的。""你是怎么想的?"我不可思议地又问道。"妈妈,我都策划了好几天了！"特特答道。我一下被惊到了，拉着他的小胖手，仔细地询问着，知晓他的心理活动，感受到他对自己心爱的小玩具被拿到幼儿园的那种依依不舍，了解到他有计划、有步骤的策划：在什么时间、如何去幼儿园的展示柜（甚至还是带玻璃门的）里拿到自己的衣橱、书包，再顺利地带回家。我飞速脑补着，惊讶这个只上小班的小孩怎么这么敢想、敢做。他还得意地告诉我，之前班里有个小朋友也想把自己带去的东西拿回家，然后被老师发现了，小姑娘被"狠狠地"批评了，那会儿他就下定决心一定得成功把"老虎"带回家。想到特特看到人家失败后，就缜密思考做出这一系列的事，我没有喜悦，没有赞美他的"勇敢"，也没有严肃地对他进行批评，虽然拿回来的是自己的东西，但是没有经过允许，私自带回来，我认为是不对的。

第二天我到了单位，心里还是特别地不安，纠结要不要跟老师说，又想"老师或许没有发现呢？"担心告诉老师后，孩子会在幼儿园受到批评，怕特特回来后会埋怨我"出卖他"，害怕原本自信满满的小家伙，一脸的失落和挫败。种种的纠结和思考，我决定还是主动跟老师联系，当跟班级王老师说了此事后，老师没有批评特特，反而觉得他很勇敢，也感叹小班的小朋友竟然能有计划筹谋一件事，也从特特的角度去分析了事情发生的原因并表示理解，然后指导我如何去正确引导他。同时老师也感谢了我，及时跟他们沟通孩子的这一切，因为班里的三名老师确实都没有发现橱柜里的老虎"逃跑"了。

通过这件事，让我深深地体会到，作为家长与学校积极配合对孩子的教育是一件很重要的事。家长是孩子的第一任老师，我们的教育理念和言行直接影响孩子的身心发展。回家后我第一时间明确表态，不经过老师允许从幼儿园把东西拿回家是不对的，即使拿的是自己的东西。特特点点头，又问："妈妈，为什么呢？"我耐心地给他解释着，他貌似是听懂了。

陪伴孩子成长，也是我自己不断学习、不断提升、不断成长的过程。多去有效地陪伴孩子，多关注他的心理，多鼓励、少批评，让孩子明事理、分是非。

当我发现问题时，我会及时地沟通，正确地引导，恰当地运用表扬和批评，让孩子既不会沉湎于成功，又不会惧怕失败。希望未来孩子离开家庭步入社会时，不会被表扬、赞美包围，也不会被失落、挫败打败，使孩子逐渐成为具有健全人格、德才兼备的人，这一直是我教育特特所努力的方向。

第六章 积极的养育，幸福的成长

在爱和理解中成长

大一班　苏亚拉图妈妈吴闻韬

每个人最初的成长都始于家庭，每个人的第一个学堂就是家庭，每个人的心理品质都或多或少地烙着家庭的印记。既为家庭，就涉及每一个家庭成员。

哥哥很喜欢画画，而孩子爸爸的画画水平又远高于我，我会夸奖爸爸并鼓励他多教孩子。在画画的过程中除了提升孩子的画画水平，更多的是给他们机会进行亲子交流、互相了解。这个过程我一般不会干涉，给他们"二人世界"留有足够的空间。但我的参与又在哪里呢？我会提前准备一些孩子喜欢的素材、采购不同的画画工具、教他没有接触过的风格。例如，孩子第一次用毛笔画水彩画就是我教的。我特地买了一个小黑板，纸夹在上面，我在上面示范，他在自己的桌子上学画。我教他怎么调色，展示给他看水和颜料的比例不同，颜色深浅不同。我们还一起玩了混合色的小实验：红加黄变成橙色，红加蓝变成紫色。他很快记住了这个小实验，并学会了基础色的调色。

所以，在哥哥看来，教他画画的并不只有爸爸。我们经常一起讨论一些小知识或是哥哥提出的一些疑问。我们会认真地开个小会，一起探讨我们都不懂的领域。当他掌握了，我和爸爸都会鼓掌夸奖，气氛温馨而欢快。更惊喜的是，哥哥的爱好也影响了弟弟。每次哥哥在认真画画的时候，弟弟也会拿起笔安静地画点和线条，并学会说"画画"两个字，真是一种意料之外的感染力。

除了参与，更重要的还是与孩子之间的沟通。与孩子沟通的第一步：把彼此摆在平等的位置。甩掉自己是个"万能成年人"的包袱，忘掉他们是幼稚无知的孩子。他们和我们一样，有想法、有主见、有自尊。

基本每一次哥哥在伤心大哭的时候，我们都会蹲下来和他说话。他受了委屈，我们会给予拥抱；他做错事情，我们慢慢和他分析。最典型的例子是二胎家庭中常见的状况：抢玩具哭闹大战。我们没有第一时间出来阻止，只因知道，有些道理只有自己亲身经历方可懂得。有时候我们还会故意在一旁偷笑着默默观战，直到分出胜负。我们告诉哥哥以前他也会抢弟弟的玩具，那时候的弟弟不会说话，但心里一定也很难过，"现在你的玩具也被弟弟抢了，你是不是也很难过呢？弟弟小时候也和你一样很伤心。"哥哥非常有爱心，他说："我小时候也不懂事，弟弟现在还太小也不懂事，等他长大了他就不会和我抢玩具了。"我摸摸他的头："哥哥，你真的长大了，说话像个小大人，很有道理呢。"

后来我们让哥哥选择一种方式：一是学会保护自己的玩具，把玩具放在弟弟拿不到的地方；二是和弟弟分享一部分；三是想玩对方玩具的时候，试着交换。这种方法执行了一段时间后，兄弟俩玩玩具的时候基本保持了和平相处。

在沟通中学会爱。家庭氛围和沟通方式直接影响孩子的语言、行为发展。两个宝宝出生后的每一天我都会和他们说"妈妈爱你"。哥哥现在每天睡前说的最后一句话就是："Good night, mummy. I love you."这个习惯来自于我们的家庭。每天爸爸出门上班前，我都会亲亲爸爸，说"老公，我爱你"；下班了，我会说"老公，你回家啦！"或是抱抱爸爸说"欢迎回家"。每次出门，我都会精心打扮自己。"哥哥，我今天美吗？""你觉得这两条裙子妈妈穿哪一条更好看呢？"哥哥以前会简单地回答"美"或是"这条好看"。现在他会说："哇，妈妈，你好像公主呀！""妈妈，你要配哪双鞋子呢？"久而久之，我发现我的这些举动影响了哥哥。例如，他会在服装店明确地告诉我们他喜欢哪一件；

他会在出席重要场合前自己在衣架前选衣服；他对所有自己喜欢的东西都非常明确，几乎没有犹豫不决的时候。弟弟虽小，但潜移默化下，选玩具方面亦是如此。

面对成千上万的育儿"攻略"，多数妈妈照做了却不见效果。其实，不妨问问自己"我真的了解我的孩子吗？"我们要去真正了解孩子，再教育他们。少玩半小时手机并不会给我们带来损失，但多陪孩子半小时，我们收获的是爱，是孩子的成长。最后，所有正确的努力都贵在坚持，我们的耐心和用心，孩子们都会感受到，继续坚持下去，让更好的自己陪伴孩子们一起长大。

我是你的小伙伴

小一班　牧九赫妈妈郝帅

作为孩子的家长，孩子的出生给我们带来了很多欢乐和感动，当然有时又有一丝无奈及烦恼。无论是何种感受，都是我们人生中宝贵的育儿经历。在和孩子一起成长的过程里，我们收获了很多，孩子在成长，我们也在进步。家庭教育就是父母和孩子共同的成长，见证了他也遇见了更好的自己，我惊喜地发现：和孩子一起成长的路上，原来还可以这样快乐，这样幸福，这样生动有趣！

今天我要跟大家分享的就是陪伴的意义。

前段时间我给九宝买了一本叫《小饼干的大道理》的绘本，他非常喜欢，每天晚上睡觉前都缠着我给他讲，书虽然很薄，内容也很简短，但里面的意义却很深，包含了很多生活中与人相处的道理，比如说，什么是尝试，什么是合作，什么是分享，什么是信任，等等。讲绘本的时候九宝会对书中的图片好奇，指着问我："妈妈，他们的饼干是什么味儿的？是巧克力味儿的吗？"又或者"妈妈，这个小鸭子也想吃，也分给他一块吧！"看着他歪着小脑袋天真地问我，再想到他平时特别喜欢用橡皮泥做冰激凌蛋糕给我们吃，我想，也许我们可以来一次亲子烘焙，从绘本中学习，在生活中实践，以此来诠释我们家的"小饼干的大道理"！

周末的时间充沛，我提前准备好材料，九宝听说我要带他做真正的饼干超级兴奋，执行力和配合度比平时都高，我们一起尝试了很多以前没有接触过的事物。例如，用电子秤把食材精确称重并分类准备；手把手共同使用电动打蛋器。我们分工合作，我调好面、水等比例，九宝用小铲子和面；我发面团，九宝搓小圆球；我制作，九宝帮忙递东西，有什么不明白的都会及时间，动手的同时也能积极思考，体验到合作的乐趣。

小饼干放进烤箱后，我们可以休息一会儿了，可九宝总是时不时地跑过来看看烤好了没有，和绘本里托着下巴等待烤箱里饼干的小女孩一样，我就学着绘本里的话对他说"还要再耐心地等一等哦"。当听到"叮"的一声时，九宝立马就哒哒哒地跑过来喊着"饼干烤好啦！"看他那手舞足蹈开心的样子，我也觉得特别幸福，我想这就是劳动过后收获的快乐吧！

因为想让九宝成为热爱生活的人，能够从生活的细微处去感受生活里的美，为此我们设计了精美的摆盘，每块饼干九宝都小心翼翼地挪动，普通的小点心组合在一起变得别致了。摆完盘九宝迫不及待请来爷爷奶奶和爸爸一起品尝，兴奋地介绍了饼干里还有蓝莓和草莓两种口味的果酱，得到赞扬和肯定后欣喜若狂，我想，这是分享美食带来的乐趣！因为连我也都乐在其中呢！

以前我总认为时间有限，每天有那么多事情忙：工作，生活，学习……能分给孩子的时间太少了，也理所当然认为陪着他一起就好。可究竟什么是陪伴，怎么陪伴，陪伴的意义又是什么？其实，孩子们更需要我们高质量的陪伴，像小伙伴一样的陪伴，而不是在旁边拿着手机偶尔抬头看一下正在玩玩具的他。时间长短不重要，玩什么也不重要，哪怕只是陪他们捉迷藏或是跑跑跳跳，只要是全身心地投入其中就好，如果能从娱乐中传递给孩子一些知识和教育那就更好了。

总之，孩子在成长，家长也在成长，孩子的教育是门学问，以上只是我生活中一小部分心得，今后还有更长更难的教育之路要走，愿家长们跟孩子们一起成长一起加油！

阅读的力量

小三班　常钺琳妈妈田翠

语言是人类沟通和接受知识的工具。从事教育工作多年，深知早期语言教育对宝宝发育的重要性。所以在朵朵出生以后家里贴满了挂图，朵朵还是个十多天的婴儿时我和姥姥每天轮番和她说话，告诉朵朵这是苹果，这是球，这是花……只要她醒着，我就跟她说话，给她唱歌，唱的最多的就是："走走走走走，我们小手拉小手，走走走走走，一同去郊游"，同时这首歌也成为催眠曲。如果我在做家务，我也会用亲切的语调对她说话，告诉她我正在干什么。

我从朵朵能接触到的生活用品开始，反复教给她各种实物的名称；当她大一点，我就抱着她教她认房间里的各种器皿和用品、身体的各个部分，基本上是看到什么说什么，因此朵朵的语言发展比同龄孩子的要早。

我从朵朵三个多月的时候就给她看布书，包括现在的绘本、图画书，我们一直在坚持阅读，养成了阅读的好习惯，通过阅读培养她的语言能力和想象力。书成为朵朵像吃饭和睡眠一样的必需品。每天睡觉前自己都会选两三本绘本和爸爸妈妈一起阅读，通过阅读朵朵的词汇量明显增加，能够简单地复述书中的内容，并能将书中的内容联系实际，比如读了书之后朵朵能够根据书中内容纠正自己的错误行为。

朵朵两岁的时候，正处于叛逆期。为了缓解朵朵的不良情绪，朵爸给朵朵

第六章 积极的养育，幸福的成长

买了一本叫作《请不要生气》的绘本。当时只是给朵朵读了两三遍，朵朵就能够把整本的绘本复述下来，每天晚上自己必读一遍《请不要生气》。那时朵朵的情绪明显稳定了，而且懂得关心爸爸妈妈了。

记得一次外出办事回来，朵朵开心地跟我说："妈妈我帮您拿鞋吧！"不一会儿，这个小孩儿就一手一只鞋一扭一扭地走到我面前，"妈妈，把鞋穿上吧，我给您留饭了，您吃我的饭吧，我的饭可香了。"听着这稚嫩的话语，一天的劳累瞬间消失，在那一刻我感到所有的付出都得到了回报。

同情和关心他人，提升共情的能力，是增强社会交往能力的一个重要内容，而丰富的阅历能够帮助我们提升共情能力。从小就爱阅读的朵朵，从书中汲取到了一些优良品质的东西，如善良、关心他人、有同情心。记得有一次，朵朵惹我生气了，为了让我很快消气，她依偎在我身边对我说："妈妈，我错了，你别生气了，我不想让你生气。"马上在我的脸上亲了又亲，很快我的气也消了。一天晚上，我的脚不小心磕到门上了，我就"哎呦"了一声，朵朵马上跑过来，奶声奶气地对我说："妈妈，你怎么了，哪不舒服？""妈妈没事，就是磕到脚了。""妈妈，我给你吹吹吧，吹吹就不疼了。"我看到这张稚嫩的小脸，感觉有女儿真好。

通过阅读朵朵的想象力、思维能力、语言发展都得到了提高。每晚睡觉前，朵朵的注意力最为集中，喜欢挑几本自己喜欢的绘本阅读。抱着试试的态度，我拿出一本识字书，朵朵马上来了兴趣，对我说："妈妈，这是什么书啊？""这是识字书。"朵朵自己把书打开一页一页地翻着看，看到感兴趣的就会问我："妈妈，这是什么字？""你看，这张图上画的是什么？""手。""对，是手，所以旁边这个字就念'手'字。""你的小手在哪里呢？"朵朵开心地从背后把小手伸过来："在这呢！"通过看图识字，再加上玩游戏的方式，朵朵对识字有了浓厚的兴趣，一直要我教她认字，现在每晚必读的就是这本识字书。

阅读贵在坚持，养成习惯，直到读书变成生活的一部分。在早期阅读的路上，爸爸妈妈是陪跑者、陪练者，而不是裁判员，我们在陪伴孩子的过程中共同成长。

妈妈要检讨

中三班　刘艺凝妈妈蒋莹

我一直以为自己是一个好妈妈，从闺女呱呱坠地的那一刻起，我几乎完全丢了自我，手机、电视剧、逛街……统统被扔到一边。我用所有闲暇下来的时间翻阅书籍，寻找更好的教育方法，可以说凝凝是照着教科书养大的！

凝凝是一个特别讲道理的孩子，也懂得尊敬长辈，有时候让人觉得像个大孩子。和闺女一起形影不离三年半，当她迈入幼儿园那一刻起，我的心里真是一万个舍不得。去幼儿园前，我担心地告诉凝凝如果想妈妈了，就去班级的照片墙上看看照片（照片里爸爸、妈妈抱着凝凝，还有所有她喜欢的毛绒玩具），但凝凝却一副初生牛犊不怕虎的样子，开心地跟我说："妈妈，我去五天幼儿园，就可以陪你两天啦，我学了新本领回来会教你的！"

在我以为一切就这样美好地开始了的时候，刚刚去了两周幼儿园的凝凝却总是咳嗽、流鼻涕、发烧、鼻炎……一系列的症状让我措手不及！爱女心切，舍不得她吃一点苦。于是，每当发现她有一点不舒服，我都会跟老师请假。

直到 2019 年 6 月，有一天早晨她起床后哭着对我说："妈妈，我不想去幼儿园。"我问凝凝："为什么不喜欢去幼儿园了呀？以前不是一直都特别喜欢去的吗？"她哭着对我说："幼儿园里没有妈妈，我要和妈妈在一起。"那时，我才意识到自己是一个多么自私、无知的妈妈！育儿书里讲的那些经常请假会对

第六章 积极的养育，幸福的成长

孩子造成的负面影响也全部涌现在我的脑海里。我抱着哭得稀里哗啦的闺女，拍着她的小后背安慰她："谢谢你这么喜欢妈妈，妈妈也想一直和你在一起！但是我们每个人都有自己的任务哦！爸爸负责上班，妈妈要帮忙照顾生病的奶奶，凝凝的任务最艰巨了，凝凝要负责去幼儿园学习新的本领回来教爸爸、妈妈。要不然，我们总不去幼儿园，学不到新本领，就会被其他小朋友和他们的爸爸妈妈比下去了。在幼儿园里，老师就是妈妈，你忘记了吗？上次你告诉我老师还抱你滑滑梯。"凝凝从我的怀里下来，擦干眼泪对我说："妈妈，我去幼儿园。"到了幼儿园门口，她含着眼泪对我说："妈妈，再见！"接下来的一段时间里，她的情绪起伏不定，稍有一点不顺心就不想去幼儿园。

惶惶恐恐一学期，暑期不期而至。假期里，我带凝凝去了葫芦岛，住在一个大学同学家里，她家里有个男孩，这一年刚好幼儿园大班毕业。小哥哥特别会照顾妹妹，带妹妹去海边，去游乐场……行程安排得满满的。我其实很少带凝凝和孩子一起玩这么长时间，总是小区里玩一会儿就散了。经过一阵疯玩儿，凝凝跟小哥哥成了无话不说的好朋友。乘车回家的路上，哥哥问凝凝："你喜欢去幼儿园吗？"听到这个问题，我们两个妈妈好像事先约好般都闭上了眼睛，假装睡觉。凝凝偷瞄了我一眼后，用不太大的声音回答："喜欢！"并示意哥哥不要太大声吵醒我们。哥哥说："我的幼儿园特别好，可是我现在长大了，幼儿园的桌子和椅子都坐不下我了。"我的心里已经被两个孩子天真的对话逗笑了。哥哥接着说："我们班有一个女生不喜欢幼儿园，她总是哭，也不跟小朋友一起玩，因为我们做的游戏她都不会玩，体操比赛她也没参加，因为她都没有学会。"凝凝说："我们幼儿园老师会教我们唱儿歌、玩丢手绢、吃毛桃，可是没有体操，不过我们有武术课。"然后还给哥哥比画了几下。两个小朋友说说笑笑，并约好下个假期还要见面，看看谁学的新本领多。

三天的葫芦岛之行后，我们去了姥姥家，姥姥家门口有一个幼儿园。有一天早晨凝凝正在院子里玩，一阵哭闹声传来，凝凝跑过去一看，原来是昨天跟她一起玩的洋洋在哭着不想去幼儿园。我蹲下来，拉着凝凝的小手对她说："你要不要去鼓励一下洋洋？"于是，凝凝跑过去，对洋洋说："弟弟，如果你去幼儿园不哭，晚上放学我就送你一个娃娃"。洋洋说："我要那个小黑熊。"凝凝说："行。"俩娃相视一笑，还拉了个钩。我抱起凝凝，对她说："哇，你好棒呀！竟然成功说服洋洋去幼儿园，等你回北京以后，妈妈把你去幼儿园的样子录个视频发给洋洋好不好？让弟弟看看姐姐是怎么做的，咱们给弟弟做个好榜样！""行，妈妈，我还要去幼儿园学更多的本领，还要跟哥哥比赛呢！"

九月开学已两周有余，每天凝凝都是开开心心地去幼儿园，放学后还要跟小朋友一起去广场玩。感谢这个懂事的孩子给了我弥补的机会。现在想想，其实幼儿园每天都有规律的生活，合理的户外活动时间，最重要的是促进小朋友们的社会交往能力。只要妈妈可以放下心中的焦虑，放手让孩子自由飞翔，他们一定都会成为最好的自己！

翘起的嘴角

小三班　柳信至妈妈刘荆

无意中读到一个故事，故事的名字是《20美金的价值》。故事讲的是：一位爸爸下班回到家很晚了，他很累并有点烦，发现他五岁的儿子在门旁等他。

"爸，我可以问你一个问题吗？"

"什么问题？"

"爸，你一个小时可以赚到多少钱？"

"这与你无关，你为什么问这个问题？"父亲生气地问。

"我只是想知道，请告诉我，你一个小时赚多少钱？"小男孩哀求。

"假如你一定要知道的话，我一小时赚20美金。"

"哦，"小男孩低下了头，接着又说，"爸，可以借我10美金吗？"

父亲发怒了："如果你只是要借钱去买毫无意义的玩具的话，给我回到你的房间。好好想想为什么你会那么自私。我每天长时间辛苦工作着，没时间和你玩小孩子的游戏。"

小男孩安静地回到自己的房间并关上门，父亲坐下来还在生气。后来，他平静下来了，开始想他可能对孩子太凶了……或许孩子真的很想买什么东西，再说他平时很少要过钱。

父亲走进小男孩的房间。

"你睡了吗，孩子？"

"爸，还没，我还醒着。"小男孩回答。

"我刚刚可能对你太凶了，"父亲说，"我把今天的气都爆发出来了……这是你要的10美金。"

"爸，谢谢你。"小男孩高兴地说着并从枕头下拿出一些被弄皱的钞票，慢慢地数着。

"为什么你已经有钱了还要？"父亲生气地问。

"因为这些钱不够，但我现在足够了。"小男孩回答："爸，我现在有20美金了，我可以向你买一个小时的时间吗？明天请早一点回家——我想和你一起吃晚餐。"

看到这儿我的眼睛突然湿润了，想起我送孩子去幼儿园的一幕场景。自从孩子上幼儿园，每天接送孩子成了家长的主要任务，孩子并不是每天都积极主动去幼儿园，经常会闹着不想去。那天我收拾东西晚了点，就让爷爷先送孩子去幼儿园，我对孩子承诺："妈妈一会儿会追上你的。"走到半路的时候我追上了爷孙俩，我远远地就看见孩子无精打采地趴在爷爷肩膀上不知道在想什么，但就在孩子看见我的那一刹那，孩子嘴角向上翘了一下，整个人都精神起来，也不用爷爷抱了，和我手拉手向前走。从那以后，不管时间多紧张我都会送孩子去幼儿园，即便多数时候只能送到路口，互相道声再见，但我相信孩子会记住并喜欢这样的陪伴。

其实无论是《20美金的价值》的故事，还是我送孩子上幼儿园的场景，其中最核心的两个字就是——陪伴。小男孩用20美金买爸爸一个小时的举动让我们动容，孩子那向上翘起的嘴角让我久久难以忘怀，两个不同国度的孩子用各自的方式告诉父母：我们最需要的是你们的陪伴！孩子是那么渴望父母的陪伴，可多数时候我们以忙为借口，忽略了孩子。工作可以再找，钱可以少赚，但是孩子的成长只有一次，当你眼中的萌萌奶娃，眨眼变成翩翩少年的时候，你在感慨岁月不饶人的同时，是否也留下了太多遗憾？孩子的哭闹、缠人、闹情绪，就是一种提醒。孩子不愿意去幼儿园，有"分离焦虑"，这些难道不是孩子想要父母陪伴，不愿分离的表现？于是我又想起小外甥小时候的一件事儿，小外甥说他小时候扔过他妈妈的手机！当时只当个笑话一笑而过，但现在想想这是小外甥对妈妈忽略自己的一种反抗，如果我没猜错，当时表姐一定经常抱着手机不放吧？想到这儿我也很惭愧，孩子也抢过我的手机，我居然还不自知……美国前总统奥巴马在第一次长达 21 个月的竞选中，没有错过一次孩子的家长会。做了总统以后也每晚和女儿一起吃晚餐，耐心回答孩子的问题，为她们在学校交朋友的事出谋划策。试问我们难道会比奥巴马还忙吗？

一个故事犹如醍醐灌顶，告诉我们最简单也最朴素的一个道理：给孩子最好的爱就是陪伴！

羽泽是我们的老师

小四班　保羽泽妈妈何翠

自 2017 年年底羽泽出生，一转眼到现在，羽泽已快三岁了，羽泽的到来给家庭增添了许多欢乐，在他身上发生的点点滴滴的事情，都是我们家幸福的源泉。

初次为人父母，没有说明书讲述操作步骤，更没有教科书解疑释惑，所以我们只有小心翼翼地多观察、多学习，跟着孩子一起成长，一起进步。浅试教育的这几年，发现孩子也是大人的"父母"，可以这么理解，父母与孩子之间并不是支配关系，父母在教育孩子的同时也获得成长。从这个角度来说，孩子也是大人的"父母"。记得羽泽三岁的时候，那是一个下午，羽泽在看动画片《熊出没》，播放到光头强要掉下山崖的那一刻，羽泽竟然紧张地哭了起来，边哭边说："光头强有危险，要救光头强。"我们带着无所谓的语气回复孩子："光头强是坏人啊，就知道砍树，不用担心他的安危。"但是孩子哭得更厉害了，眼泪顺着孩子的脸颊流了下来，直到动画里的熊大和熊二救起了光头强，孩子才破涕为笑。仔细想想，其实，孩子的内心世界纯净无邪，而我们大人，遇到事情总是习惯用成年人的思维来思考；其实，孩子才是对的，他教会了我们，无论怎么样，不管是"好人""坏人"，危难时刻，都该伸以援手。

孩子的内心是善良的。慢慢地，和孩子相处，总是能被孩子的所作所为

"教导"。在我们家小区楼下，有一位微微驼背的老奶奶，每天早出晚归地捡废品，但每次见到小区的人，都会微笑地打招呼。久而久之，孩子也主动问奶奶好，有一次，我鼓励羽泽将车里喝完的矿泉水瓶给奶奶送过去，羽泽毫不犹豫地走过去，甜甜地喊道："奶奶，给你"，老奶奶忙回声："小乖乖，我的好孩子，谢谢你！"得到夸奖，羽泽自豪极了，仿佛完成了一件极为光荣的事情。自此之后，羽泽总是惦记着把喝完水的瓶子保存下来，遇到楼下老奶奶，总是欢快地奔向老奶奶，把所有收集到的瓶子交给老奶奶，在奶奶的连声道谢中，孩子也享受到帮助别人的快乐，孩子的言语告诉我们，用自己的力量帮助到别人是那么的快乐。

孩子的内心是细腻的。羽泽的性格外向，语言表达能力也比较强，能清晰表达自己的想法，弟弟羽诺比羽泽小两岁，与哥哥正好相反，性格比较内向，不善于表达自己的想法，在任何人眼里，兄弟俩仅仅相差两岁，肯定会"打架"，但羽泽处处让着弟弟，爸爸开车时，羽泽在车里不停地提示爸爸："爸爸，开车慢点，弟弟还小，注意安全"。爸爸是那么粗犷的一个男人，听到这话，眼角湿润又不断点头地答应孩子："好好好，嗯嗯嗯，爸爸一定慢点开车。"这是男人之间的叮嘱，父子之间的关怀。

孩子的内心是欢快的。自羽泽入园之后，让家长欣慰的是，羽泽没有哭闹，也没有抵触的情绪，不禁想起自己年幼时，进入幼儿园总是拽着父母的衣服不愿意撒手，哭闹着不想面对幼儿园的生活。现在每天放学接孩子回家之后，与羽泽交流："泽，喜欢上幼儿园吗？"羽泽总是一脸阳光笑容地回复我们："喜欢啊，老师最疼爱我们了。"整个沟通过程，羽泽没有任何的不开心，每天起床上学也没有哭闹，羽泽哼着歌曲开开心心地进入了幼儿园。羽泽的行为教导了我们，要开心乐观地面对一切。

孩子每一天的成长，凝聚着老师和家长的共同努力；但在孩子的言行中，我们亦收获了很多成年人几乎已经不具备的东西，如纯洁的赤子之心，如感动；希望这份纯洁、这份赤子之心、这份感动会一直伴随着孩子的成长延续下去。

育儿二三事

大二班　梁秦铭妈妈秦莹

时光如梭，转眼之间宝贝已经从牙牙学语的小朋友变成了幼儿园毕业班的大哥哥，三年的成长，饱含着老师的悉心教导和无微不至的关心，而我也从初为人母即将变成辅导功课的"暴躁妈妈"。回想宝贝的成长经历，许多事情还记忆犹新。

为宝贝的健康成长，我关注了各类育儿订阅号，里面推送的成长信息传授了我不少如何去跟宝贝有效沟通、帮助孩子解决拖延症的经验。随着宝贝思维能力和自主意识的发展，我们做任何决定都会尊重、问询宝贝的意见，比如两件他同时喜欢的玩具，让他自己挑选一件作为奖励；两门可选的兴趣班，让宝贝自己选择去哪一个；最简单最日常的选择就是每天写完作业后是下楼玩还是在家玩玩具。通过这种做法让他知道自己真正想要的是什么，也帮助家长了解孩子心里喜欢的是什么，根据兴趣来培养孩子。

2018年宝贝爸爸有幸被评为"丽景幼儿园好家长"，这让宝贝感到无比光荣，回家兴奋了好几天，看着奖状就乐，逢人就说"我爸爸被评为'好家长'了"。好多爷爷奶奶也都夸奖宝贝爸爸能干，但是这个"好爸爸"也是被我这个"懒妈妈"精心培养出来的。我也曾天天围着孩子转，一门心思都放在孩子身上，把爸爸置于一个闲置的状态，自己却累得没有喘息的时间，每天给孩子做饭喂奶洗衣服，爸爸干什么自己都不满意，觉得没有自己弄得好，对爸爸挑剔、数落，好像一名怨妇。慢慢我发现这样对家庭一点帮助都没有，爸爸也每天麻木地消极对待。有一天我看了一个漫画，漫画里的妈妈简直跟我一模一样，但是她家的突发状况让她不能再兼顾妈妈和职场女性两个身份，便不得不让爸爸接手了看孩子的事情。一来二去发现其实爸爸也可以做得很好。于是我便效仿着放手让宝贝爸爸去带孩子，果然，像漫画里画的一样，宝贝爸爸细心、耐心地陪宝贝拼插乐高，顶着36℃的高温独自带宝贝背着帐篷去露营，父子俩甩开我开心地去游乐场……慢慢地，我逐渐从带娃主力退居二线。

在孩子的爸爸妈妈们都面临着上班还是带娃的艰难抉择时，我把看娃这项艰巨的任务交给了姥姥，姥姥的体重也从120斤骤降到105斤。好多人都打趣说想让别人受累的时候就交给他两件事，一件是看娃，另一件事是装修。看娃交给了姥姥，装修交给了姥爷，我的父亲母亲为我们一家的"可持续发展"发挥了重要作用。

宝贝有这样的成长环境，姥姥起到了绝对关键的作用，同时也出现了各种问题。上大班之前，家里因为孩子在哪上小学的问题讨论了很久。姥姥觉得还是城里的小学师资力量雄厚一点，爸爸觉得常营小学、中学"一站式服务"也不错。爸爸坚定立场，希望我能给姥姥做做工作，我夹在中间左右为难。姥姥看出了我的心思，主动沟通了解这边的学校情况，最后也统一了目标。在孩子教育和日常生活方面，长辈和父母之间摩擦很多，长辈总希望孩子少一些磕磕绊绊；但我的想法是不想把孩子养成"巨婴"，孩子要经历的东西很多，我们为他铺平了现在的道路，未来又有谁能为他铺垫？我也希望父母教育孩子时，一定要统一"战线"，不要受到其他因素的影响，坚定立场。

教育孩子这门功课对于初为父母的我们没那么简单，我们努力摸索着前进，希望宝贝能有一个快乐的童年，在十年、二十年后，他跟朋友谈起童年的时候脸上能洋溢着幸福的微笑。

我对序序"有色"的爱

中二班　何霜序妈妈李钟贺

每一个成年人都曾是一个小朋友，我常常回想自己小的时候需要的是什么？是被认同、被看到、被尊重。

说到育儿，对我来说更多的是一种陪伴，与孩子一同体验、一起成长。如果把这说成是一种教育，我觉得自己还远不够资格。孩子像一块海绵，学习的能力和感知世界的能力非常强大。在序序成长的过程中，除了教授生活技能、礼节礼貌外，其他几乎都顺其自然。很小我们就给了他自主选择的权利，并尊重他的选择，培养他独立管理的能力。序序是男孩子，我特别希望他有主见，有责任，有担当，成为一名有风度的绅士。我跟序序的相处中，很多事情都是"女士优先"。对序序我一直都戴着"有色眼镜"，当然这里的"有色"是美好的颜色，带有一种欣赏的态度。我相信序序，甚至无条件，相信他心中有爱并终将表现出色。有时序序闯些小祸，我要求自己不责怪他，更不打骂他，而是认同他的情绪，理解他的感受，抱抱他，问询事情的经过，帮助他分析认识自己的行为，给予他建议，让他知道妈妈的爱是无条件的，并相信妈妈会帮助他。

心中有爱，并有能力爱人的孩子，生活里也会感受到更多的温暖。从序序六七个月大的时候我们就坚持每天阅读，看的大多是有爱、暖心的小故事，希望给孩子的生命里先填上爱的底色。三岁以后的序序开始有点争强好胜，什么都想做得好，总想争第一，不然就会很急躁。作为他的妈妈我觉得输得起，才是真的赢。那段时间我们一起阅读了一系列绘本，包括《不是第一也没关系》《害怕也没关系》《爱哭也没关系》等。慢慢地序序开始有些变化，遇到类似的事情也变得平和，没那么急躁了。

心中有爱，关怀生命，有同情心的人更接近幸福。我很喜欢小动物，序序从小也很喜欢。花花草草皆有生命，序序从小就知道爱护。我特别喜欢带序序去乡村玩儿，我们住在乡亲家里，春季看播种，秋季看收割。小朋友参与锄地、浇水、拔萝卜、收果子……忙活得不亦乐乎，玩儿得特别开心。同时，序序也学会了珍惜食物，尊重劳动。

充实的童年是人一生幸福的基石。孩童时期的快乐其实很简单，有时候仅仅只是一个小小的愿望：糖果、冰淇淋……很多妈妈坚决不让孩子碰。这一点上我比较宽松，不设限，都可以吃，都让他尝，家里也常备。只是告诉他，糖会坏牙齿，冰淇淋伤身体。序序很喜欢吃，但他吃得很少，甚至看到也不吃。现在每个小朋友家里都会有很多各种各样的玩具，序序也有好多他心爱的玩具，除了亲朋送的，大多是他自己要求，我帮他买的。随着成长，不同年龄段有不同的玩具，只要是合理的要求，我都会满足他，所以序序也很懂节制。

小朋友有时会闹情绪，有一阵子序序同班上一个小朋友一起玩，常常被推撞，有时会带点小伤回家，导致一个礼拜的早晨都不愿意去幼儿园。我也从多方面了解情况，那个小朋友是体格比较强壮的男孩儿，很聪明，序序也很喜欢跟他玩。我也跟序序谈心，男孩子间的玩耍也难免磕碰，终于有一天早晨他跟我说："妈妈你帮我把那一套灰色的运动服拿出来，我要穿一整套。"送他入园的路上，他模仿动画片里的人物说："我想好了我今天要跟××格斗。"我对他说："好，祝你好运！"看着他高高兴兴地入园，我也松了一口气。我的孩子我相信他只是给自己鼓气，不会真的找小朋友打架。

2019年暑假我和序序有个十天的旅行计划，出行前我告诉他，只有我们两个人，自己的事情都要自己做。可实际是，序序不但做好了自己的事情，还帮助、照顾我。飞机上序序自己系好安全带，认认真真地阅读安全须知，提醒我系好安全带。到了游玩的地方，我告诉他跑远了妈妈就担心了，他总会在我身边拉紧我。见到好玩的玩具，也会因为担心我们行李多不方便拿而没有要求买，暖心得让我觉得小朋友仿佛一夜之间长大了！

无论大人还是小朋友都喜欢听到赞扬，我一直记得每次当序序做了一件漂亮的事我夸赞他时，他小脸上扬起的自信而幸福的笑容。每天迎着清晨的阳光，我牵着他的小手，我们相视一笑，我说："儿子你好帅！"他笑得眼睛眯成一条缝，脚步都变得轻盈。

每次入园前我蹲下身跟序序额头碰一下额头，我说："我爱你宝贝！"他说："我也爱你妈妈。"我说："今天开心哦，宝贝！"然后他走进大门。突然有一天，说到这里时，他对我说："妈妈你也要开心！"

孩子长大了，每天都不一样，常常怀念宝贝路都走不稳的萌样子！可孩子注定要长大，不舍的只有妈妈，妈妈需要每天都要进步，每天都要开心，跟上孩子成长的脚步。在如今信息化的时代，知识随手可得，但能够让孩子拥有感受幸福和成就人生的能力却难得！

致我的宝贝

小二班　田雨轩妈妈田沛

宝贝，我是妈妈，我想给你写一封信，记录下你成长过程中的小故事，希望你长大了可以看一看，笑一笑。

宝贝，你知道吗？你小时候可是一个调皮的宝宝，在你三岁时，爷爷奶奶每次和你视频，你总是不肯好好和爷爷奶奶说话，总是惦记自己的小汽车玩具，爸爸喊你好几次你也不肯过来。就这样有一天晚上你去叫爸爸给你讲故事书，但是不管你如何叫爸爸，爸爸都不答应你，你从床上爬下去，问爸爸："爸爸你为什么不理我？"爸爸好像还是没有听见一样，你围着爸爸转，去拽爸爸的大手，大声嚷嚷，最后急哭了，爸爸还是没有和你说话。你委屈极了，不肯睡觉，坐在地上发脾气，嘴里嘟囔着："爸爸你为什么不理我，我真的生气了，再也不理你了。"

从小到大，你和最喜欢的爸爸第一次冷战了，抹着眼泪，一言不发，倔强地站在那里望着爸爸，你们父子两人就那么对峙着。最后爸爸叹了一口气，然后抱起你问："爸爸不理你，你生气不生气？你现在知道爷爷奶奶的感受了吗？"你低着头不说话了，爸爸接着说："你不理爷爷奶奶的时候，爷爷奶奶也是这么的委屈。别人和你打招呼是因为喜欢宝宝，懂礼貌的宝宝是应该回应别人的。玩具每天都可以玩，爷爷奶奶在外地，只能视频这么一小会儿，他们每天都很想念宝宝，所以以后好好和爷爷奶奶视频好不好。"你带着浓浓的鼻音回答爸爸："好的。"爸爸亲吻你的小脸蛋，说你是乖宝宝，哄你睡觉，你和爸爸也结束了人生中的第一次冷战。

宝贝，你知道吗？你爸爸是个周末爱睡懒觉的大懒虫，但是却坚持着每个周末都起得比小公鸡还早，因为爸爸要送你去学英语。而且你爸爸还在自学英语，参加考试，因为爸爸说要和你一起进步，给你做个榜样，让你知道一个人最美丽的样子就是他努力时的模样。你回家不愿意做英语作业，都是爸爸耐心地辅导你，妈妈清楚地记得，你第一节英语课的作业是用身体和四肢摆出26个字母，你刚刚摆了三四个就开始贪玩，你爸爸一把抱回了你，说："爸爸跟你一起摆字母，咱俩比赛，看谁摆的最像。"你被爸爸激起了好胜心，父子俩在欢声笑语里摆完了26个字母，现在妈妈悄悄告诉你呦，其实你俩谁摆得也不像！

宝贝，你知道吗？你爸爸是个不会游泳的"旱鸭子"，但从你三个月大起到现在你三岁半，一直坚持周末陪你亲子游泳。爸爸说男孩子要爱运动，游泳在锻炼身体的同时还可以磨炼意志，让你从小就知道坚持的可贵。现在妈妈每次在楼上的休息室里看你努力地蹬水，用力地拍水，在其他小朋友都休息的时候，还在认真地往返游，妈妈都为你感到骄傲。

宝贝，我们生活的时代，是一个高速发展、日新月异、充满着挑战与机遇的时代。等你长大，也许会遇到诱惑，也许会遇到不公，妈妈希望你可以把那些不愉快当成成长的试金石，坚持初心，活得纯粹快乐。

宝贝，我和你爸爸可能有很多的不足，不一定是最好的父母，但是我们在努力成为更好的父母。妈妈一直认为一份好的感情，是彼此成全成为更优秀的人，无论是爱情还是亲情。妈妈爸爸希望可以和你一起成长，一起努力成为更好的自己。